Wir neu A2

Grundkurs Deutsch für junge Lernende

Lehrbuch mit Audios

Ernst Klett Sprachen
Stuttgart

Wir neu A2
Grundkurs Deutsch für junge Lernende

Symbole im Buch

▶ 01	Tracknummer
⇄	Reihum Fragen stellen und beantworten
AB S. 61: Ü. 9, 10, 11	Hinweis auf passende Übungen im Arbeitsbuch
	Spiele mit Karten zum Ausschneiden

Der Umwelt zuliebe!

Zu diesem Buch gibt es Audios, die mit der Klett-Augmented-App geladen und abgespielt werden können.

Klett-Augmented-App kostenlos downloaden und öffnen

Seiten mit Audios scannen

Audios laden, direkt nutzen oder speichern

Scannen Sie diese Seite für weitere Komponenten zu diesem Titel.

Apple und das Apple-Logo sind Marken der Apple Inc., die in den USA und weiteren Ländern eingetragen sind. App Store ist eine Dienstleistungsmarke der Apple Inc. | Google Play und das Google Play-Logo sind Marken der Google LLC.

1. Auflage 1 ¹⁰ ⁹ ⁸ | 2024 23 22

Alle Drucke dieser Auflage können nebeneinander benutzt werden, sie sind untereinander unverändert. Die letzte Zahl bezeichnet das Jahr des Druckes.

Das Werk und seine Teile sind urheberrechtlich geschützt. Jede Nutzung in anderen als den gesetzlich zugelassenen Fällen bedarf der vorherigen schriftlichen Einwilligung des Verlages.

© Loescher Editore S.r.L., Torino, erste Ausgabe 2002, Giorgio Motta, Wir
   Für die internationale Ausgabe © 2015 Ernst Klett Sprachen GmbH, Stuttgart (erste Ausgabe 2003)

Internetadresse: www.klett-sprachen.de

Bearbeitung und Redaktion: Eva-Maria Jenkins-Krumm, Wien; Coleen Clement, Berlin
Umschlaggestaltung, Layoutkonzeption: Sigi Hasel, designcomplus, Weilheim/Teck
Illustrationen: Agge Schlag, Köln
Satz: Katja Schüch, Kirchheim/Teck; Regina Krawatzki, Stuttgart
Reproduktion: Meyle + Müller GmbH + Co.KG, Pforzheim
Druck und Bindung: Elanders GmbH, Waiblingen

ISBN 978-3-12-**675902**-1

Modul 4: Freizeitaktivitäten — Seite 7

Lektion 1:	Kommunikation	Grammatik	Texte, Spiele, Lieder Seite 8
Kannst du inlineskaten?	• Was ist dein Hobby? Mein Hobby ist Fußball. • Kannst du schwimmen? Ja, ich kann schwimmen. • Ich will Tennis spielen lernen. Dann musst du einen Tenniskurs besuchen! • Ist das dein Fahrrad? Ja, das ist mein Fahrrad. • Gehört der Roller Stefan? Ja, das ist sein Roller. • Mein Anorak ist nicht blau, sondern rot.	• Präsens der Modalverben *können, müssen, wollen* • Possessiv-Artikel: Nominativ, Akkusativ • das Verb *gehören* • Fragewort: *Wem? Wem gehört …?* • *nicht …, sondern* • zusammengesetzte Wörter	• Welche Sportarten machst du? • Was kannst du? • Was willst du lernen? • Was musst du tun? • Memory • Interviews • Lied: *Die bunten Noten* • Länder und Farben • Kreuzworträtsel

Lektion 2:			Seite 20
Wohin fährst du in Urlaub?	• Wohin fährst du in Urlaub? Ich fahre ans Meer, an die Algarve. • Warum fährst du ans Meer? Ich will baden. • Wann fährst du in Urlaub? Im Sommer, im Juli. • Wie ist das Wetter? Es ist sonnig.	• Lokal-Ergänzung: *Wohin?* → *in, an, nach* • Temporal-Ergänzung: *im, am* • Fragewörter: *Warum? Wann?*	• Was passt zusammen? Spiel mit. • Wetter-Memory • Wetterkarte • Interviews • Buchstabenquadrat • Dialogpuzzle • Campingferien • Postkarte aus dem Urlaub • Lied: *Wohin fährst du in Urlaub?*

Lektion 3:			Seite 28
Alles Gute zum Geburtstag!	• Wann ist sie geboren? • Wann hast du Geburtstag? Am 22. Mai. • Wie alt wirst du? Ich werde 14. • Soll ich Max einladen? Ja, lad Max ein! • Für wen ist das Geschenk? Das ist für dich!	• Jahreszahlen • Datum • das Verb *werden* • Imperativ: 2. Person Singular • Modalverb *sollen* • Personalpronomen: Akkusativ • *für* + Akkusativ • Fragewort: *Wen?*	• berühmte Leute • Geburtstage bei Familie Weigel • eine Einladung • Antwortkarte • Interview • Jahreskalender • Sätze bauen • Geschenke-Memory • Lied: *Zum Geburtstag viel Glück!*

Wir trainieren … — Seite 38

- hören: Interviews: Was stimmt?; Fünf kurze Dialoge: Wohin fahren sie?; Gespräch: Urlaubspläne
- lesen: Zwei Anzeigen und ein Text: Was stimmt? ; Fragen zu einem Brief beantworten
- schreiben: Geburtstagseinladung; Absage
- sprechen: Minidialoge mit Karten

Grammatik — Seite 44

1. Die Modalverben *können, müssen, wollen, sollen* • 2. Zusammengesetzte Wörter • 3. Der Possessiv-Artikel (2) • 4. Lokal-Ergänzung mit *in, an, nach* • 5. Temporal-Ergänzung mit *im, am*; Datum • 6. Zahlen, Jahreszahlen • 7. Das Verb *werden* • 8. Imperativ (1) • 9. Die Fragewörter *wer?, wen?* und die Präposition *für* + Akkusativ • 10. Personalpronomen (4)

Teste dein Deutsch: Wortschatz und Grammatik — Seite 54

Modul 5: Krank, gesund, ungesund — Seite 55

Lektion 1:	Kommunikation	Grammatik	Texte, Spiele, Lieder Seite 56
Mir tut der Kopf weh	• Wie geht's dir? Mir tut der Kopf weh. • Was tut dem Opa weh? Ihm tut der Hals weh. • Ich habe Husten. Nimm Hustensaft! • Können Sie mir einen Rat geben?	• Dativ: bestimmter Artikel, Personalpronomen • Imperativ: 2. Person Plural, höfliche Form	• Sätze bauen • Anfragen an Dr. Bender • Die Meinung des Arztes • Dialogpuzzle • Interviews • Beim Arzt • Computer-Virus
Lektion 2:			Seite 64
Gesund leben	• Darf ich Süßigkeiten essen? Nein, du darfst keine Süßigkeiten mehr essen! • Was darf ein Vegetarier essen? Ein Vegetarier darf viel Obst und Gemüse essen. • Warum darf Vati keinen Kaffee mehr trinken? Weil Kaffee dem Magen schadet.	• Modalverb *dürfen* • Nebensatz mit *weil*	• Was tust du für deine Gesundheit? • Peter Weigel lebt gefährlich! • Monika, die Vegetarierin • Kalorientabelle • Einen Kartoffelsalat machen • Rezept schreiben • Interview • Brief an die Redaktion • Lied: *Was isst du, mein Kind?* • Buchstabenquadrat
Lektion 3:			Seite 74
Tina hat sich wehgetan	• Was hast du gemacht? Ich bin vom Fahrrad gestürzt. • Wann ist der Unfall passiert? Letzte Woche.	• Perfekt: - *haben* / *sein* - regelmäßige / unregelmäßige Verben • Temporalangaben: *heute, gestern, letzte Woche, ...*	• Herr Weigel hat abgenommen • Ein Brief aus dem Krankenhaus • Bildergeschichte: Ein Skiunfall • Interviews • Was hast du gestern gemacht? • Lied: *Der Unfall*

Wir trainieren ... — Seite 82

- hören: Drei Werbespots und ein Gespräch: Was stimmt?
- lesen: Angebote am Schwarzen Brett, Leserbrief: Was stimmt?; Hamburgerrestaurants: Fragen
- schreiben: Eine E-Mail aus dem Krankenhaus
- sprechen: Minidialoge mit Karten

Grammatik — Seite 90

1. Dativ • 2. Personalpronomen (5) • 3. Die Fragewörter *wer?, wen?, wem?* • 4. Imperativ (2) • 5. Das Modalverb *dürfen* • 6. Nebensatz mit *weil* • 7. Das Perfekt (1) • 8. Temporal-Ergänzung mit *vor* oder mit Akkusativ

Teste dein Deutsch: Wortschatz und Grammatik — Seite 98

4 vier

Modul 6: Mein Stadtviertel, meine vier Wände ... Seite 99

Lektion 1:	Kommunikation	Grammatik	Texte, Spiele, Lieder Seite 100
Wo ist denn hier ...?	• Wo ist Stefan? Er ist in der Erhardtstraße. • Wo liegt das Kaufhaus? Es liegt hinter der Kirche. • Wo treffen wir uns? Vor dem Kino. • Brot kaufe ich in der Bäckerei.	• Lokal-Ergänzung: Präpositionen *an, in, vor, hinter, neben* + Dativ • Fragewort: *Wo?* • Die Verben *wissen, stehen, sitzen*	• Stadtplan • Gespräche in der Stadt • Fragespiel • Die Fußgängerzone • Plätze in der Stadt

Lektion 2:			Seite 110
Hast du Lust, ins Kino zu gehen?	• Hast du Zeit, ins Kino zu gehen? Tut mir leid, ich habe keine Zeit, ins Kino zu gehen. • Wohin gehen wir? In den Mediamarkt. • Wo kann man Leute treffen? In der Stadt. • Wie komme ich zur Post? Immer geradeaus, dann links.	• Lokal-Ergänzung: *in, auf* + Dativ, Frage: *Wo?* • Lokal-Ergänzung: *in, auf* + Akkusativ, Frage: *Wohin?* • Lokal-Ergänzung: *zum, zur* • Präposition *mit* + Dativ • Infinitivsatz mit *zu*	• Orientierung in der Stadt • Stadtplan • Dialog: Eine Einladung • Dialogpuzzle • Taxi, bitte! • Wegbeschreibungen • Was sagst du?

Lektion 3:			Seite 116
Ordnung muss sein!	• Wohin soll ich die CDs legen? Leg sie auf das Regal! • Wohin soll ich die Schuhe stellen? Stell sie unter das Bett! • Wo sind meine Klamotten? Im Schrank! • Wohin kommt der Fernseher? Ins Wohnzimmer.	• Positionsverben *liegen – legen, stehen – stellen, hängen – hängen, sitzen – setzen* • Präpositionen mit Dativ oder Akkusativ	• Ordnung muss sein! • Zimmer einrichten • Wohnung einrichten • Gespräch: Tina, warum lässt du alles herumliegen? • Mein Zimmer • Lied: *Wie sieht denn dein Zimmer aus?* • Sitzordnung im Klassenzimmer • Kreuzworträtsel

Wir trainieren ... Seite 126

- hören: Drei Dialoge: Fragen; Interview: Was stimmt?
- lesen: Jugendzentrum: Fragen; Unsere Clique: Was stimmt?
- schreiben: Marika sucht Internetfreunde: eine E-Mail-Antwort
- sprechen: Minidialoge mit Karten

Grammatik Seite 132

1. *wissen – können* • 2. Das Fragewort *wo?* und die Lokal-Ergänzung • 3. Die Verben *stellen – stehen, legen – liegen, ...* + Lokal-Ergänzung • 4. Präpositionen + Dativ oder + Akkusativ • 5. Die Präposition *auf* • 6. Die Präposition *zu* + Dativ • 7. Infinitivsatz mit *zu*

Teste dein Deutsch: Wortschatz und Grammatik Seite 138

Liste unregelmäßiger Verben Seite 139

Lösungen: Teste dein Deutsch Seite 140

Trackliste Audios Seite 141

fünf 5

Kursvokabular

Diese Teile findest du in den Lektionen im Kursbuch:

Du lernst ...
Bausteine
Wortschatz wiederholen
Aussprache / Intonation
Wir singen ...

Du kannst ...
Wir trainieren: hören, lesen, schreiben, sprechen
Grammatik
Teste dein Deutsch!
Selbstkontrolle

Diese Übungen kommen oft vor:

Hör zu.
Hör zu und sprich nach.
Lies und ergänze.
Lies laut.
Lies den Text.
Reihenübung: Fragt und antwortet.
Fragt und antwortet wie im Beispiel.
Was passt?
Was gehört zusammen?
Schreib Listen.
Mach eine Tabelle.
Ergänze die Tabelle.
Kopier die Seite. Schneide die Spielkarten aus.

Schreib die Wörter in dein Heft.
Bau Sätze.
Spielt den Dialog.
Spielt Minidialoge.
Übt zu zweit.
Dialogpuzzle
Kreuzworträtsel
Buchstabenspiel
Interview
Hör das Interview zweimal.
Was sagen sie?
Was stimmt?

sechs

MODUL 4

Freizeitaktivitäten

Du lernst ...

- Sportarten / Hobbys benennen und was man dazu braucht
- Kleidungsstücke benennen
- Farben
- Namen von Landschaften
- die Jahreszeiten
- das Wetter beschreiben
- die Monatsnamen
- Jahreszahlen
- das Datum
- zum Geburtstag gratulieren
- eine Einladung schreiben / auf eine Einladung antworten
- Lieder auf Deutsch

- andere fragen
 Was ist dein Hobby?
 Kannst du inlineskaten?
 Wem gehört die Sporttasche?
 Kann ich mal das Handy haben?
 Ist das dein Pullover?
 Wohin fährst du in Urlaub?
 Wann beginnt die Schule?
 Wie ist das Wetter bei euch?
 Wann bist du geboren?
 Wann hast du Geburtstag?
 Soll ich etwas mitbringen?
 Für wen sind die Pralinen?

- auf Fragen antworten
 Mein Hobby ist Ski fahren. / ...
 Nein, aber ich will es lernen.
 Sie gehört Tina.
 Ja, natürlich! Bitte sehr!
 Nein, mein Pullover ist rot.
 Nach Spanien. / An den Bodensee.
 Im Herbst. / Im September. / ...
 Es ist sonnig. / Es regnet. / ...
 Zweitausendzwei.
 Am 25. Mai.
 Ja, bitte, bring einen Kuchen mit.
 Für dich!

sieben 7

Modul 4

Lektion 1 — Kannst du inlineskaten?

1 Welche Sportarten machst du?

a. joggen   b. Fußball spielen   c. inlineskaten

d. Rad fahren   e. Ski fahren   f. Tennis spielen

g. surfen   h. reiten   i. Volleyball spielen   j. schwimmen

2 Hör zu und sprich nach. ▶01

- Stefan, was ist dein Hobby?
- Inlineskaten.
- Und dein Hobby, Tina?
- Mein Hobby ist Tennis.

3 Reihenübung. Fragt und antwortet.

Mein Hobby ist Tennis spielen. Und dein Hobby? → Mein Hobby sind Computerspiele. Und dein Hobby? → Mein Hobby ist …

> AB S. 5: Ü. 1

4 Eine Reporterin spricht mit Stefan. Was fragt sie? Was antwortet Stefan? ▶02 Hör zu.

- Stefan, kannst du inlineskaten?
- Ja, ich kann sehr gut inlineskaten.
- Und kannst du schwimmen?
- Natürlich kann ich schwimmen.
- Und kannst du Ski fahren?
- Ja, ich kann auch Ski fahren.
- Und Tennis spielen?
- Nein, ich kann leider nicht Tennis spielen.

5 Lies und ergänze dabei.

Bausteine

Stefan,
kannst du **inlineskaten**?	– Ja, ich **kann** …
Und **kannst** du … ?	– Natürlich **kann** ich …
Und **kannst** du … ?	– Ja, ich … auch …
Und **Tennis spielen**?	– Nein, leider **kann** ich **nicht** **Tennis spielen**.

6 Reihenübung. Fragt und antwortet.

Kannst du Fußball spielen? → Ja, ich kann gut Fußball spielen.
Kannst du Ski fahren? → Nein, ich kann nicht sehr gut Ski fahren.
Kannst du …

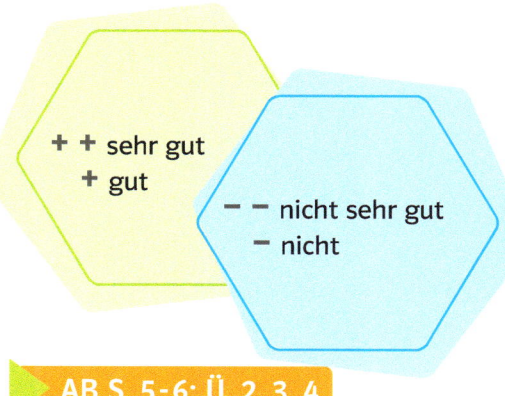

+ + sehr gut
+ gut
– – nicht sehr gut
– nicht

> AB S. 5-6: Ü. 2, 3, 4

neun 9

Modul 4 Lektion 1

7 Richtig oder falsch? Lies den Text.

Stefan will Tennis spielen lernen

Stefan kann nicht Tennis spielen. Das findet er blöd, denn seine Schwester Tina kann sehr gut Tennis spielen. Er will also Tennis spielen lernen. Was muss er machen? Er muss natürlich einen Tenniskurs besuchen.

Was stimmt?

1. Stefan kann Tennis spielen.
2. Tina kann nicht Tennis spielen.
3. Tina will Tennis spielen lernen.
4. Stefan will Tennis spielen lernen.
5. Stefan muss einen Tenniskurs besuchen.
6. Tina will einen Tenniskurs besuchen.

8 Spielt Minidialoge.

● Kannst du klettern?
● Nein, aber ich will es lernen.
● Dann musst du einen Kletterkurs besuchen.

Ebenso mit:

schwimmen	→	Schwimmkurs
reiten	→	Reitkurs
surfen	→	Surfkurs
Tennis	→	Tenniskurs
Ski fahren	→	Skikurs
Gitarre spielen	→	Musikkurs

AB S. 6-7: Ü. 5, 6, 7

Grammatik

	können	müssen	wollen
ich	kann	muss	will
du	kannst	musst	willst
er, sie, es	kann	muss	will

Grammatik

Ich **will** Ski fahren **lernen**.
Dann **musst** du einen Skikurs **besuchen**.

9 Was passt zusammen? Spiel mit.

Du willst schwimmen: Dann brauchst du eine/n Badehose/Badeanzug. Du willst reiten: Dann brauchst du ein Pferd. Schreib die Sportarten, und was du dazu brauchst, auf Karten. Jeder zieht eine Karte und sucht seinen Partner. Das erste Paar gewinnt.

Jogginganzug	joggen
Surfbrett	surfen
Fahrrad	Rad fahren
Badehose / Badeanzug	schwimmen
Tennisschläger	Tennis spielen
Ball	Fußball spielen
Inlineskates	inlineskaten
Pferd	reiten
Skier	Ski fahren

10 Was brauchst du? Schreib die Wörter von Übung 9 in vier Listen in dein Heft.

Ich brauche ...

| einen | eine | ein | – |
| ... | ... | ... | ... |

11 Ich will ...   Spielt Minidialoge.

● Ich will Fußball spielen.
● Dann brauchst du einen Fußball.

AB S. 7-9: Ü. 8, 9, 10, 11, 12

Modul 4 Lektion 1

12 Zusammengesetzte Wörter: Kombiniere.

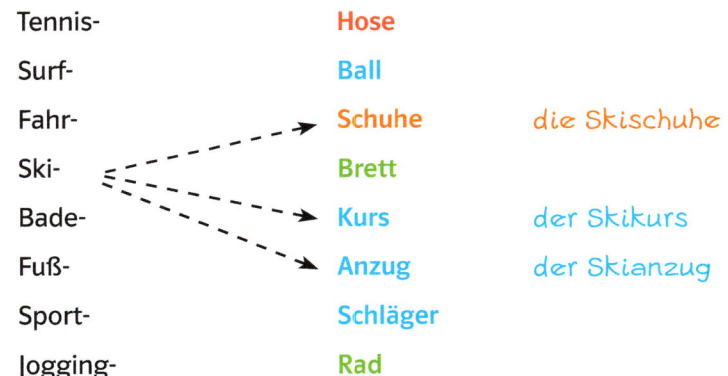

Tennis-	Hose
Surf-	Ball
Fahr-	Schuhe → die Skischuhe
Ski-	Brett
Bade-	Kurs → der Skikurs
Fuß-	Anzug → der Skianzug
Sport-	Schläger
Jogging-	Rad

Wortschatz wiederholen!

13 Ich brauche …

1. Ich will eine Radtour machen. Ich brauche •••
2. Ich will Tennis spielen. Ich brauche •••
3. Ich will in den Bergen klettern. Ich brauche •••
4. Ich will Ski fahren lernen. Ich brauche •••
5. Ich gehe morgen schwimmen. Ich brauche •••
6. Wir wollen im Park spielen. Wir brauchen •••

14 Was passt zusammen? Lies laut. Schreib die Ausdrücke dann in dein Heft.

1. Karten •••
2. schwimmen •••
3. Tischtennis •••
4. Fußball •••
5. Rad •••
6. Gitarre •••
7. Sport •••
8. essen •••
9. Ski •••

gehen
spielen
fahren
treiben

▶ AB S. 9-10: Ü. 13, 14

▶05 Intonation! *Hör gut zu und sprich nach!*

- Kannst du schwimmen? ↗
- Ja, ich kann sehr gut schwimmen. ↘

- Kannst du surfen? ↗
- Nein, aber ich will es lernen. ↘

- Wie findest du Fußball? ↘
- Ich finde Fußball super. ↘

- Ich will Tennis spielen. ↘
- Dann brauchst du einen Tennisschläger. ↘

- Ich will Ski fahren lernen. ↘
- Dann musst du einen Skikurs besuchen. ↘

zwölf

15 Das ist mein ...

16 Was gehört wem?

das Fahrrad	**Stefan**	das Handy
der Roller	**Tina**	der Tennisschläger
die Inlineskates	**Markus**	der Ball
die Sporttasche	**Brigitte**	

17 Hör zu und sprich nach. ▶06

18 Spielt Minidialoge.

- Gehören die Inlineskates Stefan?
- Ja, sie gehören Stefan.

- Gehört das Handy Tina?
- Nein, es gehört nicht Tina. Es gehört Brigitte.

19 Übt zu dritt.

- Ist das dein Roller?
- Ja, das ist mein Roller.
- Nein, das ist nicht mein Roller.

Grammatik

Das ist mein Roller.
Das ist meine Sporttasche.
Das ist mein Fahrrad.

AB S. 10: Ü. 15

20 Memory.

Kopier die Seite.
Schneide die Spielkarten aus (✂).
Viel Spaß!

Kapuzenjacke	MP3-Player

Uhr	Jeans	T-Shirt	Rock

Schirmmütze	Sportschuhe	Pullover / Pulli	Anorak

21 Was fragt Markus? Was antwortet Tina? ▶ 07

- Gehört das Fahrrad Stefan?
- Gehört es Brigitte?
- Nein, das ist nicht sein Fahrrad.
- Ja, das ist ihr Fahrrad.

22 Lies und ergänze dabei.

Bausteine

Gehört das Fahrrad Stefan? – Nein, das ist nicht …
Gehört es Brigitte? – Ja, das ist …

Grammatik

Possessiv-Artikel: Nominativ

	m	f	n	Plural
ich →	mein Roller	meine Uhr	mein Handy	meine Jeans
du	dein	deine	dein	deine
er, es	**sein**	seine	sein	seine
sie	**ihr**	ihre	ihr	ihre
wir	unser	unsere	unser	unsere
ihr	euer	eure	euer	eure
sie	ihr	ihre	ihr	ihre
Sie	Ihr	Ihre	Ihr	Ihre

23 Übt zu zweit.

		Uhr					Uhr.
		Roller					Roller.
		MP3-Player					MP3-Player.
	der	Anorak	Stefan?		das ist	sein	T-Shirt.
Gehört	die	Jeans	Tina?	Ja,	das ist nicht	seine	Jeans.
Gehören	das	Handy	Markus?	Nein,	das sind	ihr	Handy.
	die	Sportschuhe	Brigitte?		das sind nicht	ihre	Sportschuhe.
		Kapuzenjacke					Kapuzenjacke.
		T-Shirt					Anorak.
		Schirmmütze					Schirmmütze.

▶ AB S. 11-12: Ü. 16, 17, 18, 19, 20

24 Kann ich dein Handy haben?

- Stefan, kann ich mal dein Handy haben?

- Ja, natürlich, bitte!
- Danke. Du bist sehr nett.

- Nein!
- Du bist gemein!

Ebenso mit:

Roller, Schirmmütze, Inlineskates, Ball, Fahrrad, Tennisschläger, Sportschuhe, MP3-Player, …

Grammatik

Possessiv-Artikel: Akkusativ

	m	f	n	Plural
ich →	meinen Roller	meine Uhr	mein Handy	meine Jeans
du	deinen	deine	dein	deine
er, es	seinen	seine	sein	seine
sie	ihren	ihre	ihr	ihre
wir	unseren	unsere	unser	unsere
ihr	euren	eure	euer	eure
sie	ihren	ihre	ihr	ihre
Sie	Ihren	Ihre	Ihr	Ihre

AB S. 13: Ü. 21, 22

25 Was sucht Markus?

- Was sucht Markus?
- Er sucht seinen Roller.

Markus — Stefan — Tina — Brigitte — Herr Weigel — Frau Weigel

AB S. 13–14: Ü. 23, 24

▶08 **Wir singen:** *Die bunten Noten*

rot schwarz weiß blau gelb grün braun rot

Rot rot gelb gelb grün grün gelb blau blau weiß weiß schwarz schwarz rot!

Gelb gelb blau blau weiß weiß schwarz gelb gelb blau blau weiß weiß schwarz.

Rot rot gelb gelb grün grün gelb blau blau weiß weiß schwarz schwarz rot!

Wir singen:

▶ AB S. 14: Ü. 25

26 Meine Kapuzenjacke ist nicht blau, sondern grün.

● Ich finde meine Kapuzenjacke nicht. Wo ist sie denn?
● Ist das deine Kapuzenjacke?
● Nein, meine Kapuzenjacke ist nicht blau, sondern grün.

Ebenso mit:

das T-Shirt	→	schwarz, weiß
die Schirmmütze	→	rot, blau
das Handy	→	gelb, schwarz
die Schuhe	→	schwarz, braun
der Pullover	→	rot, braun
der Anorak	→	grün, weiß
die Jeans	→	schwarz, blau

▶ AB S. 15: Ü. 26, 27

siebzehn **17**

Wortschatz wiederholen!

27 Was gehört wohin? Mach drei Listen in deinem Heft.

der MP3-Player   der Roller   das T-Shirt   die Uhr   die Kapuzenjacke

das Fahrrad   die Schirmmütze   das Handy   der Ball

die Tennisschuhe   der Anorak   die Skates   die Jeans   der Jogginganzug

die Badehose   das Surfbrett   das Pferd   der Badeanzug

Sportartikel	Kleidung	Verschiedenes
...	...	...

28 Was passt zusammen? Bilde Wortpaare.

1. der Sportanzug
2. das Basecap
3. das Mountainbike
4. das Mobiltelefon
5. die Rollschuhe

a. die Inlineskates
b. das Handy
c. das Fahrrad
d. die Schirmmütze
e. der Jogginganzug

1	2	...
...	...	...

29 Wem gehört das?
Legt eure Schulsachen auf einen Tisch. Fragt und antwortet wie in den Beispielen a und b.

a. ● Ist das dein Mäppchen?
   ● Ja, das ist mein Mäppchen. / Nein, das ist nicht mein Mäppchen.

b. ● Gehört das Mäppchen dir, René?
   ● Ja, das Mäppchen gehört mir. /
   Nein, das Mäppchen gehört mir nicht, es gehört Inga.

AB S. 16: Ü. 28, 29

▶09 Intonation! Hör gut zu und sprich nach!

- Gehört der Roller Markus? ↗
- Ja, das ist sein Roller. ↘

- Was sucht Tina? ↘
- Sie sucht ihren Tennisschläger. ↘

- Sind das die Schuhe von Frau Weigel? ↘
- Ja, das sind ihre Schuhe. ↘

- Ist das dein T-Shirt? ↗
- Nein, mein T-Shirt ist nicht schwarz, sondern weiß. ↘

Du kannst …

fragen

Was sind deine Hobbys?

Kannst du Tischtennis spielen?
Kannst du surfen?
Kannst du heute schwimmen gehen?

Ist das dein Fahrrad?
Gehört die Kapuzenjacke Tina?
Gehört der Tennisschläger dir?

auf Fragen antworten

Meine Hobbys sind lesen, schwimmen, Gitarre spielen. ✓
… … …

Ja, klar. ✓
Nein, aber ich will es lernen. ✓
Nein, ich muss für eine Klassenarbeit lernen. ✓
… … …

Ja, das ist mein Fahrrad. ✓
Nein, ihre Kapuzenjacke ist grün. ✓
Ja, das ist mein Tennisschläger. ✓

neunzehn

Modul 4 — Lektion 2: Wohin fährst du in Urlaub?

- Stefan, wohin fährst du in Urlaub?
- Ich fahre im Sommer nach Italien.
- Nach Italien? Und wohin genau?
- An die Adria, nach Rimini. Und du? Wohin fährst du?
- Ich bleibe zu Hause, leider!

1 Was sagen sie? Hör zu. ▶10

2 Lies und ergänze dabei.

Bausteine

- Stefan, … fährst du in Urlaub?
- Ich fahre im Sommer … Italien.
- Und … genau?
- An … Adria, … Rimini. Und du? … fährst du?
- Ich bleibe …, leider!

3 Wohin fährst du nächsten Sommer?

Ich fahre ...

- ans Meer
- an den Bodensee
- an die Ostsee
- nach Kreta
- nach Sylt
- ...

- ins Gebirge
- in die Dolomiten
- in die Alpen
- ...

- nach Wien
- nach Kärnten
- nach Madrid
- nach Norddeutschland
- ...

- nach Österreich
- nach Frankreich
- in die Schweiz
- in die Türkei
- in die USA
- ...

4 Reihenübung: Fragt und antwortet.

Wohin fährst du in Urlaub? → Ich fahre ans Meer. Und du? Wohin fährst du in Urlaub? → Ich bleibe zu Hause. Und du? Wohin fährst du in Urlaub? → Ich fahre ...

5 Wohin fährst du in den Ferien?
Macht eine Umfrage in der Klasse.

Wer fährt …

ans Meer
ans Mittelmeer
…
an die …
an den …
…
ins Gebirge
in die Berge
…
nach …
in die …

Berichtet:

Drei Schüler fahren ans Meer, …, …, …, … bleiben zu Hause.

AB S. 17: Ü. 1, 2

Grammatik

Wohin?

der Bodensee	→ an den Bodensee	Wien	→ nach Wien
die Nordsee	→ an die Nordsee	Deutschland	→ nach Deutschland
das Meer	→ ans Meer	Norddeutschland	→ nach Norddeutschland
das Gebirge	→ ins Gebirge	die Schweiz	→ in die Schweiz
die Alpen	→ in die Alpen	Sylt	→ nach Sylt

6 Was passt zusammen? Spiel mit.

Schreibt die Fragen und die Antworten auf Karten. Bildet zwei Gruppen. Gruppe 1 bekommt die Frage-Karten, Gruppe 2 die Antwort-Karten. Jeder hat eine Karte und sucht seinen Partner. Das erste Paar gewinnt.

Warum fährst du ans Meer?	Ich will baden.
Warum fährst du ins Gebirge?	Ich will wandern.
Warum fährst du nach Deutschland?	Ich will Deutsch lernen.
Warum fährst du an die Adria?	Ich will viel Spaß haben.
Warum fährst du an den Bodensee?	Ich will surfen.
Warum fährst du nach Wien?	Ich will den Prater besuchen.
Warum fährst du in die Schweiz?	Ich will das Matterhorn sehen.

7 Was willst du im Sommer machen? Spielt Minidialoge.

- Was willst du im Sommer machen?
- Ich will wandern.
- Und wohin fährst du?
- Ins Gebirge, nach Tirol.

Übe weiter mit dem Wortschatz von Übung 3 und 6.

AB S. 18: Ü. 3

8 Jahreszeiten: Hör zu und sprich nach. ▶11

Winter
Dezember, Januar, Februar

Frühling
März, April, Mai

Sommer
Juni, Juli, August

Herbst
September, Oktober, November

9 Spielt Minidialoge.

- Wann fährst du nach Kreta? Im Herbst?
- Nein, nicht im Herbst. Im Sommer.

- Wann fährst du ins Gebirge? Im Juni?
- Nein, nicht im Juni. Im August.

Grammatik
im Sommer
im August

10 Was passt zusammen?

1. Wann sind die Sommerferien?
2. Wann beginnt die Schule wieder?
3. Wann feiert man Weihnachten?
4. Wann beginnt der Sommer?
5. Wann fährt Tobias ans Meer?
6. Wann macht Susi Skiurlaub?
7. Wann findet das Oktoberfest statt?

a. Im Juli und / oder im August.
b. Im August.
c. Im Juni.
d. Im Dezember.
e. Im September.
f. Im Oktober.
g. Im Januar oder im Februar.

1	2	...
...	...	...

AB S. 18: Ü. 4, 5

dreiundzwanzig 23

11 Wetter-Memory.

Kopier die Seite.
Schneide die Spielkarten aus (✂).
Viel Spaß!

| Es regnet. | Es schneit. |

| Es ist kalt. | Es ist heiß. | Es ist sonnig. | Es ist bewölkt. |

| Es ist warm. | Es ist wolkenlos. | Es ist neblig. | Es ist windig. |

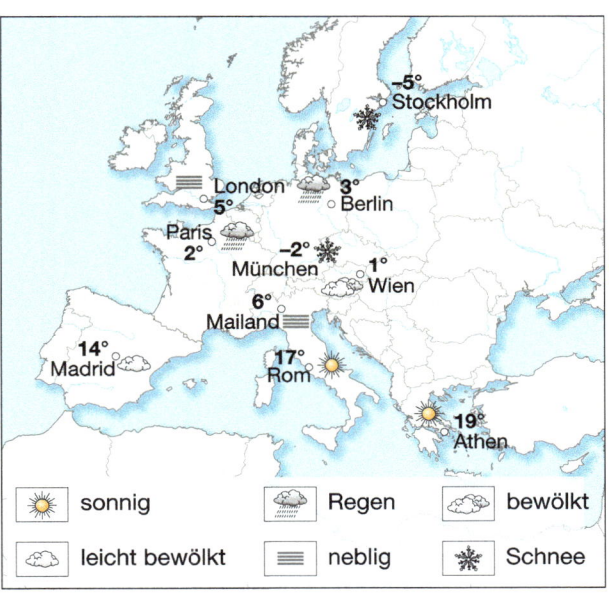

12 Wetterbericht. Übt zu zweit.

- Wie ist das Wetter in Athen?
- In Athen ist es sonnig. Die Temperatur liegt bei 19 Grad.

13 Spielt Minidialoge.

- Wie ist das Wetter im Januar?
- Es ist kalt und es schneit.

AB S. 19: Ü. 6, 7, 8

14 Sprechkarten. Der Lehrer / Die Lehrerin hat Karten. Zieh eine Karte. Erzähl: Was machst du?

Wohin?	St. Moritz, Schweiz
Wann?	Dezember
Wie lange?	1 Woche
Mit wem?	Vati, Mutti, Stefan
Wo?	im Parkhotel
Was?	Ski fahren

Im Dezember fahre ich nach St. Moritz. Das liegt in der Schweiz. Ich bleibe eine Woche da. Ich fahre mit Vati, Mutti und Stefan. Wir wohnen im Parkhotel. Ich will Ski fahren.

15 Interview. Wohin fährt Jörg in Urlaub? ▶13

1. Er fährt   ? ans Meer.   ? an die Côte d'Azur.   ? nach Österreich.
2. Er macht Urlaub   ? allein.   ? mit seinen Eltern.   ? mit Tante Anita.
3. Er fährt   ? im Juni.   ? im Juli.   ? im August.
4. Er bleibt   ? eine Woche.   ? zwei Wochen.   ? 10 Tage.

AB S. 19–21: Ü. 9, 10, 11, 12

fünfundzwanzig 25

Wortschatz wiederholen!

16 Was kann man wo machen?

1. Berlin	a. wandern
2. Bodensee	b. gute Schokolade essen
3. Deutschland	c. Currywurst essen
4. Dolomiten	d. surfen
5. Mittelmeer	e. baden
6. London	f. auf den Eiffelturm steigen
7. Schweiz	g. Englisch lernen
8. Paris	h. Deutsch lernen

17 Wie ist das Wetter?

 …   ❄ …

 …   ≡ …

🌡35° …   ☁ …

18 Monats-Quiz: Das Wetter in Deutschland. Lies laut.

1. In welchen Monaten ist es kühl? – Im M•••, A••••, O•••••••.
2. In welchen Monaten ist es warm? – Im M••, J•••, S•••••••.
3. In welchen Monaten ist es heiß? – Im J•••, A••••••.
4. In welchen Monaten regnet es oft? – Im A••••, N•••••••.
5. In welchen Monaten kann es schneien? – Im D•••••••, J••••• und im F•••••••.

▶ AB S. 22: Ü. 13

▶15 Intonation! Hör gut zu und sprich nach!

- ● Wohin fährst du in Urlaub? →
- ● Ich fahre ans Meer. →

- ● Warum fährst du ans Meer? ↘
- ● Ich will baden. ↘

- ● Wann fährst du ans Meer? ↘
- ● Ich fahre im August ans Meer. ↘

- ● Wie ist das Wetter im Sommer? ↘
- ● Es ist sonnig und heiß. ↘

- ● Wie lange bleibst du in Rimini? ↘
- ● Ich bleibe zwei Wochen da. ↘

26 sechsundzwanzig

Du kannst …

fragen	auf Fragen antworten	
Wohin fährst du in den Ferien?	Nach Österreich./ In die Schweiz./ Nach Istanbul./	✓
Wohin fahren Sie in Urlaub?	Nach Sylt./ In die Berge./ Ans Meer./ …	
	… … …	
Was machst du dort?	Ich will Deutsch lernen / surfen / wandern / baden / …	✓
	… … …	
Wann fährst du?	Im Sommer. / Im Juli. / …	✓
	… … …	
Wie lange bleibst du?	Eine Woche. / Einen Monat. / …	✓
	… … …	
Wie ist das Wetter?	Es ist heiß / kalt. / Es regnet. / …	✓

AB S. 22-23: Ü. 14, 15, 16

▶16 Wir singen: Wohin fährst du in Urlaub?

Wo-hin fährst du in Ur-laub? Ich fahr' an die Ad-ria. Was machst du an der Ad-ria? Ich ha-be viel Spaß. Ba-den, schwim-men se-geln und sur-fen. Ich fah-re an die Ad-ria und ha-be viel Spaß!

Wohin fährst du in Urlaub?
Ich fahr' ins Gebirge.
Was machst du im Gebirge?
Ich habe viel Spaß.
Ski fahren, Eis laufen, rodeln und wandern.
Ich fahre ins Gebirge und habe viel Spaß!

Alles Gute zum Geburtstag!

Modul 4 · Lektion 3

1 Wie spricht man das Jahr? Hör zu und sprich nach. ▶17

1789   1871   1939   1972   1990   2003

2 Wann ist er geboren? Wann ist sie gestorben?
Fragt und antwortet wie in den Beispielen a und b.

Wolfgang Amadeus Mozart
(1756–1791)
Komponist

Johann Wolfgang von Goethe
(1749–1832)
Dichter

a.
● Wann ist Mozart geboren?
● Er ist 1756 (siebzehnhundertsechsundfünfzig) geboren.

b.
● Wer ist 1955 gestorben?
● Albert Einstein ist (neunzehnhundertfünfundfünfzig) gestorben.

▶ AB S. 24: Ü. 1, 2

28 achtundzwanzig

Albert Einstein
(1879–1955)
Wissenschaftler

Romy Schneider
(1938–1982)
Schauspielerin

Christa Wolf
(1929–2011)
Schriftstellerin

Namen	Daten	Beruf
Martin Luther	1483–1546	Theologe, Reformator
Clara Schumann	1819–1896	Pianistin
Bertolt Brecht	1898–1956	Dramatiker
Hannah Arendt	1906–1975	Philosophin
Pina Bausch	1940–2009	Tänzerin, Choreografin

3 Tina hat Geburtstag. Hör zu. ▶19

- Tina, wann hast du Geburtstag?
- Nächste Woche, am 22. Mai.
- Wie alt wirst du?
- Ich werde 14.
- Und wie feierst du deinen Geburtstag?
- Ich möchte eine Party geben.
- Toll!

4 Lies und ergänze dabei.

Bausteine

- Tina, wann …?
- Nächste Woche, … 22. Mai.
- Wie alt … ?
- … 14.
- Und wie …?
- Ich möchte …

am zweiundzwanzigsten

5 Reihenübung. Fragt und antwortet.

Wann hast du Geburtstag? → Ich habe am 8. Juli Geburtstag. Wann hast du Geburtstag? → Ich habe am …

Grammatik

am 1. Mai	(**ersten**)	am 11. Mai	(elf**ten**)
am 2.	(zwei**ten**)	am 12.	(zwölf**ten**)
am 3.	(**dritten**)	…	
am 4.	(vier**ten**)	am 20.	(zwanzig**sten**)
am 5.	(fünf**ten**)	am 21.	(einundzwanzig**sten**)
am 6.	(sechs**ten**)	am 22.	(zweiundzwanzig**sten**)
am 7.	(sieb**ten**)	…	
am 8.	(ach**ten**)	am 30.	(dreißig**sten**)
am 9.	(neun**ten**)	…	
am 10.	(zehn**ten**)		

6 Wann haben deine Klassenkameraden Geburtstag? Mach eine Liste.

7 Übt zu zweit.

a. ● Wann hat Anna Geburtstag?
   ● Am 17. (siebzehnten) April.

b. ● Wer hat am 17. April Geburtstag?
   ● Anna!

8 Interviews: Geburtstage bei Familie Weigel. ▶20
Mach eine Tabelle in deinem Heft.

	Peter Weigel	Renate Weigel	Stefan	Tina
Geburtstag	…	…	…	22. Mai
Alter	…	…	…	14

> AB S. 24-26: Ü. 3, 4, 5, 6, 7

9 Eine Einladung.
Tina lädt Marie zum Geburtstag ein.

Liebe Marie,

am 22. Mai habe ich Geburtstag. Ich werde 14! Ich gebe eine Party und möchte dich einladen. Brigitte, Thomas und Christian kommen auch. Die Party beginnt um 15.00 Uhr. Komm aber bitte ein bisschen früher, so kannst du mir helfen.
Bring etwas zum Trinken mit (z.B. eine Flasche Cola oder Apfelsaft) und auch deine Musik.

Also, ich erwarte dich. Sei bitte pünktlich!

Tschüs,
deine Tina

Was stimmt?

1. Tina wird am 22. Mai 14.
2. Tina geht mit ihren Freunden in die Disko.
3. Tina gibt eine Party.
4. Thomas kommt nicht zur Party.
5. Marie soll pünktlich um 15.00 Uhr bei Tina sein.
6. Marie soll etwas zum Essen mitbringen.

10 Was passt zusammen?

1. Soll ich etwas zum Essen mitbringen?
2. Soll ich um 15.00 Uhr kommen?
3. Soll ich auch Max einladen?
4. Soll ich etwas kaufen?
5. Soll ich einen Kuchen backen?

a. Ja, kauf Pizza für alle!
b. Nein, bring etwas zum Trinken mit!
c. Ja, back einen Apfelstrudel!
d. Nein, komm ein bisschen früher!
e. Ja, lad ihn ein!

1	2	...
...	...	...

11 Soll ich ...? – Übt zu zweit.

● Soll ich Pizza kaufen?
● Ja, kauf bitte Pizza!

Ebenso mit:
eine Party geben
um 15.00 Uhr kommen
Max einladen
meine Musik mitbringen
einen Kuchen backen
pünktlich sein

Grammatik

Imperativ

kaufen	→	**Kauf** eine Flasche Cola!
kommen	→	**Komm** um 15.00 Uhr!
backen	→	**Back** einen Kuchen!
geben	→	**Gib** eine Party!
einladen	→	**Lad** Klaus **ein**!
mitbringen	→	**Bring** deine Musik **mit**!
sein	→	**Sei** pünktlich!

➡ AB S. 27-28: Ü. 8, 9, 10, 11

12 Am Telefon. Spielt die Dialoge.

● Marie Schulz.
● Hallo, Marie. Hier ist Tina. Also, kommst du zur Party?

● Ja, klar.
● Gut. Bring bitte deine Musik mit.
● O.k., mach' ich

● Tut mir leid. Ich kann nicht.
● Warum?
● Ich muss lernen.

Ebenso mit:
Brigitte Stein – Flasche Cola kaufen
Thomas Müller – etwas zum Essen mitbringen
Christian Bauer – um 16.00 Uhr kommen
Eva Küppers – pünktlich sein

Ebenso mit:
Marion Beck – keine Zeit haben
Andreas Bender – mit Vati wegfahren
Martin Hoffmann – Tante Ulrike besuchen
Sabine Meier – zum Arzt gehen

13 **Sätze bauen.**

Kopier die Seite.
Schneide die Karten aus (✂).
Misch die Karten und bau Sätze.
Wer am schnellsten die meisten Sätze baut, gewinnt.
Viel Spaß!

Tina	Die Freunde	Max	Die Eltern
lädt	bringen	bringt	laden
ihre	ihre	seine	ihre
Freunde	Geschenke	Musik	Nachbarn
ein	mit	mit	ein

dreiunddreißig 33

14 Geschenke-Memory.

Kopier die Seite.
Schneide die Spielkarten aus (✂).
Viel Spaß!

T-Shirt	Ohrringe

Pralinen	CDs	Kopfhörer	Uhr

Buch	Parfüm	Kugelschreiber	Fotoapparat

15 Geschenke. Fragt und antwortet wie in den Beispielen a und b.

Die CDs				Bruder.
Der Kopfhörer				Mutter.
Das T-Shirt				Vater.
Die Pralinen	ist		meinen	Oma.
Der Kugelschreiber	sind	für	meine	Opa.
Die Ohrringe				Freundin.
Die Uhr				Tante.
Das Parfüm				Onkel.

a.
- Für wen ist das Parfüm?
- Das Parfüm ist für meine Oma.

b.
- Für wen sind die Pralinen? Für deine Mutter?
- Nein, nicht für sie, sondern für meine Tante.

Grammatik
für + Akkusativ
Für **wen** ist das Buch?

16 Für mich? – Nein, nicht für dich.

- Für wen ist das Geschenk? Für mich?
- Nein, nicht für dich, sondern für Stefan.

Ebenso mit:

das Buch – ich – Sabine
die Pralinen – wir – Vati
das Parfüm – ich – Mutti
die Ohrringe – ich – Tante Agathe
die CDs – wir – Stefan und Tina

Grammatik
Personalpronomen

Nom.		Akk.
ich	→	mich
du	→	dich
er	→	ihn
sie	→	sie
es	→	es
wir	→	uns
ihr	→	euch
sie	→	sie
Sie	→	Sie

AB S. 28 - 29: Ü. 12, 13, 14

Modul 4 – Lektion 3

17 Interview mit Florian. ▶ 21

1. Wann hat Florian Geburtstag?
   ? Am 7. Juni.
   ? Am 17. Juli.
   ? Am 7. Juli.

2. Florian wird dieses Jahr
   ? 11.
   ? 12.
   ? 13.

3. Florians Eltern schenken ihm
   ? einen Walkman.
   ? einen CD-Player.
   ? einen Gameboy.

4. Wie feiert Florian seinen Geburtstag?
   ? Er geht mit Freunden in die Eisdiele.
   ? Er gibt eine Party zu Hause.
   ? Er geht mit Freunden Pizza essen.

Wortschatz wiederholen!

18 Lies die Zahlen und die Jahreszahlen laut. Schreib sie auch in Buchstaben in dein Heft.

Zahlen: 1899   Jahreszahl: 1899
        1991   Jahreszahl: 1991
        2000   Jahreszahl: 2000
        2004   Jahreszahl: 2004

19 Wann haben sie Geburtstag? Lies laut.

Peter, 21.4.   Karin, 4.12.   Herr Meier, 12.6.   Bettina, 1.10.   Frau Schulz, 3.8.

Peter hat am ••• Geburtstag, Karin am ••• , Herr Meier ••• ••• , Bettina ••• •••
und Frau Schulz hat ••• ••• Geburtstag.

20 Was passt zusammen? Lies laut.

Geburtstag •••
Geschenke •••
eine Party •••
Freunde •••
eine Einladung •••
Kuchen •••
14 Jahre alt •••
Pralinen •••

> mitbringen
> einkaufen feiern
> bekommen schreiben
> machen einladen sein
> haben geben backen
> kaufen schenken
> werden

Schreib die Kombinationen auch in dein Heft.

▶22 ## Intonation! *Hör gut zu und sprich nach!*

- Wann bist du geboren? ↘
- Ich bin am 10. April 1991 geboren. ↘

- Wie feierst du deinen Geburtstag? ↘
- Ich gehe mit Vati und Mutti in die Pizzeria. ↘

- Wie alt wirst du? ↗
- Ich werde dieses Jahr 13. ↘

- Für wen sind die Pralinen? Für mich? ↗
- Nein, nicht für dich, sondern für Tina. ↘

Du kannst …

fragen	*auf Fragen antworten*	
Wann ist Mozart geboren?	Mozart ist 1756 (siebzehnhundertsechsundfünfzig) geboren.	✓
Wann ist Goethe gestorben?	Goethe ist 1832 (achtzehnhundertzweiunddreißig) gestorben.	✓
	… … …	
Wann hast du Geburtstag?	Ich habe am 22. Mai Geburtstag.	✓
Wie alt wirst du?	Ich werde 14.	✓
	… … …	
Für wen ist das Geschenk? Für mich?	Ja, für dich.	✓
	Nein, nicht für dich, sondern für deinen Bruder.	✓
	… … …	
	eine Person bitten	
Soll ich etwas mitbringen?	Bring (bitte) eine Cola mit!	✓
Wann soll ich kommen?	Sei (bitte) pünktlich!	✓
	… … …	
zum Geburtstag gratulieren	Alles Gute zum Geburtstag!	✓

AB S. 29-30: Ü. 15, 16, 17, 18

▶23 ## Wir singen: *Zum Geburtstag viel Glück!*

Wir trainieren

1 Hör das Interview zweimal. Was stimmt? ▶24

1. Steffi hat am 10. April Geburtstag.
2. Steffi wird 15.
3. Steffi gibt eine Party zu Hause.
4. Steffi lädt auch ihre Nachbarn ein.
5. Steffi geht mit ihren Freunden in die Pizzeria.
6. Ihre Freunde schenken ihr eine neue Uhr.

2 Hör das Interview zweimal. Was stimmt? ▶25

1. Daniel fährt im Sommer nach Marokko.
2. Daniel macht Urlaub in einem Feriendorf.
3. Daniels Eltern fahren nicht mit.
4. Daniel besucht einen Schwimmkurs.
5. In einem Feriendorf organisiert man viele Spiele.
6. Daniel bleibt zwei Wochen da.

3 Du hörst jetzt fünf kurze Dialoge. Hör sie nur einmal! ▶26
Wohin fahren / gehen sie?

1. Wohin will der Mann fahren?
a. Ans Meer.　　　b. Ins Gebirge.　　　c. An den Bodensee.

2. Wohin gehen die Jugendlichen?
a. Ins Kino.　　　b. In die Eisdiele.　　　c. In die Disko.

3. Wohin geht der Junge?
a. In den Park.　　　b. Nach Freiburg.　　　c. In die Turnhalle.

4. Wohin fährt das Mädchen in Urlaub?
a. An die Algarve.　　　b. Nach Frankreich.　　　c. Ins Gebirge.

5. Wohin geht der Junge?
a. In den Park.　　　b. Ins Stadion.　　　c. In die Sporthalle.

hören

4 Dieser Dialog hat zwei Teile. Hör jeden Teil zweimal. ▶27

Hör zuerst Teil 1. Was stimmt?

1. Die Mutter möchte nächste Woche Urlaub machen.
2. Sie hat einen Reisekatalog.
3. Sie möchte gern nach Tunesien.
4. Sie möchte nach Tirol.
5. Der Vater möchte keinen Badeurlaub machen.
6. Der Vater will an den Gardasee fahren.

Hör jetzt Teil 2. Was stimmt?

7. Die Mutter findet einen Urlaub am Gardasee toll.
8. Sie fahren an die Adria.
9. Das Hotel Mercury liegt in Jesolo.
10. Das Hotel Mercury kostet 45 Euro pro Tag / Person.
11. Die Mutter ruft sofort an.
12. Sie bleiben im Juni zwei Wochen da.

5 Lies die Anzeige am Schwarzen Brett.

> Einladung zum Sommerfest!
> 1 Wir feiern das Ende des Schuljahres!
> 2 Am Freitag, dem 30. Juni, treffen wir uns im Jugendzentrum in der
> 3 Wilhelmstraße 23, und zwar um 19.00 Uhr. Hast du Lust?
> 4 Wenn ja, dann bring bitte auch etwas zum Essen und zum Trinken mit.
> 5 Und natürlich auch andere Freunde!
> 6 Wir tanzen, spielen, hören Musik und und und … Auch unser Direktor,
> 7 Herr Schmidt, und andere Lehrer feiern mit. Unsere Schulband,
> 8 die NewPopKids, spielt bis Mitternacht. Also, worauf wartest du noch??

Was stimmt? – In welcher Zeile steht das?

1. Was feiert man?
   a. Den Sommer.
   b. Das Ende des Schuljahres.
   c. Den Geburtstag von Herrn Schmidt.

2. Wo findet das Fest statt?
   a. In der Schule.
   b. In einer Disko.
   c. Im Jugendzentrum.

3. Wer ist eingeladen?
   a. Nur die Schüler.
   b. Alle Schüler und Lehrer.
   c. Die neue Band NewPopKids.

4. Wie lange dauert das Fest?
   a. Bis 19.00 Uhr.
   b. Bis 23.00 Uhr.
   c. Bis 24.00 Uhr.

6 Lies die Anzeige aus dem Wochenblatt.

> **Radtouren im Schwarzwald**
> 1 Die alternative Art und Weise, Urlaub zu machen!
> 2 Bist du 14-16 Jahre alt, sportlich und aktiv? Hast du ein Mountainbike und Lust
> 3 auf Abenteuer? Bist du im August frei? Dann ist das der richtige Urlaub für dich!
> 4 In Kleingruppen sind wir 7 Tage im Schwarzwald unterwegs. Übernachtung in
> 5 Pensionen (mit Frühstück und Abendessen).
> 6 Neugierig? Dann ruf sofort an: Velotouren, 79095 Freiburg, 0761 97302
> 7 Oder besuche unsere Homepage www.velotouren.de

Was stimmt? – In welcher Zeile steht das?

1. Das ist eine Anzeige für …
   a. Ferien.
   b. einen Gymnastikkurs.
   c. eine Pension im Schwarzwald.

2. Was macht man?
   a. Man wandert.
   b. Man joggt im Schwarzwald.
   c. Man fährt Rad.

3. Wie lange?
   a. Einen Monat.
   b. Eine Woche.
   c. Zwei Wochen.

4. Wo schläft man?
   a. In Hotels.
   b. In Pensionen.
   c. Bei deutschen Familien.

lesen

7 Das ist Karin! – Lies den Text.

1 Karin ist 14 Jahre alt und wohnt in Mühldorf – das ist eine kleine
2 Stadt in Bayern, nicht weit von München. Karin ist eine junge,
3 talentierte Tennisspielerin. Sie kann wirklich sehr gut Tennis spielen.
4 Sie hat schon viele Turniere gewonnen, aber sie will noch besser
5 werden. Deshalb muss sie jeden Tag 2-3 Stunden trainieren. Sie will
6 in Zukunft internationale Tennisturniere, wie z.B. Wimbledon,
7 gewinnen. Ihre Vorbilder sind Martina Hingis und Maria Sharapova.
8 Aber Karin ist ein ganz normaler Teenager: Sie ist ein Fan von
9 Madonna und Backstreet Boys. Sie kann nicht nur Tennis spielen:
10 Sie kann auch gut Ski fahren und surfen.

Was stimmt? – In welcher Zeile steht das?

1. Karin ist eine junge Tennisspielerin.
2. Karin wohnt in München.
3. Karin hat noch nie ein Turnier gewonnen.
4. Karin trainiert nicht jeden Tag.
5. Karin will das Tennisturnier von Wimbledon gewinnen.
6. Karin hat keine Zeit für andere Hobbys.

8 Sabine schreibt aus den Ferien. Lies den Brief.

Liebe Doris,   *Tossa de Mar, 24. Juli*

wie geht's dir? Ich bin schon zehn Tage hier in Spanien, an der Costa Brava, und habe viel Spaß! Wir (d.h. meine Eltern, mein Bruder Oliver und ich) wohnen in einem schönen Hotel mit Schwimmbad. Das Hotel heißt „Parasol".

Vormittags gehe ich an den Strand: Ich spiele Volleyball, bade und besuche einen Surfkurs. Mein Surflehrer, Rafael, spricht perfekt Deutsch.

Hier gibt es viele Diskos, Boutiquen, Kinos und gute Restaurants. „Paella", die berühmte spanische Spezialität, ist wirklich lecker! Ich mag sie.

Leider kommen wir schon nächste Woche nach Hause zurück. Das macht mich traurig.

Viele liebe Grüße und ... bis bald!

Deine Sabine

Kannst du auf die Fragen antworten?

1. Wo verbringt Sabine die Ferien?
2. Wie heißt das Hotel?
3. Was macht sie am Vormittag?
4. Wer ist Rafael?
5. Was ist „Paella"?
6. Wann sind die Ferien zu Ende?

schreiben

Modul 4 Training

9 David hat Geburtstag. Zu seiner Geburtstagsparty möchte er auch seine Freundin Mareike einladen. Du kannst ihm helfen. Schreib ca. 50 Wörter.

Anlass:	Er hat am 26. Juni Geburtstag; er wird 14.
Was?	Geburtstagsparty: tanzen, spielen, essen, trinken, Spaß haben; Martina bringt ihre Gitarre mit.
Wo?	Zu Hause, im Garten.
Wer?	Alle Klassenkameraden.
Wann?	Samstag, 27. Juni, 15.00 Uhr.

Liebe Mareike,

•••

Also, ich erwarte dich!
Dein David

10 Mareike kann leider nicht zu Davids Geburtstagsparty kommen. Es tut ihr sehr leid, aber …
Schreib die E-Mail (ca. 30 Wörter).

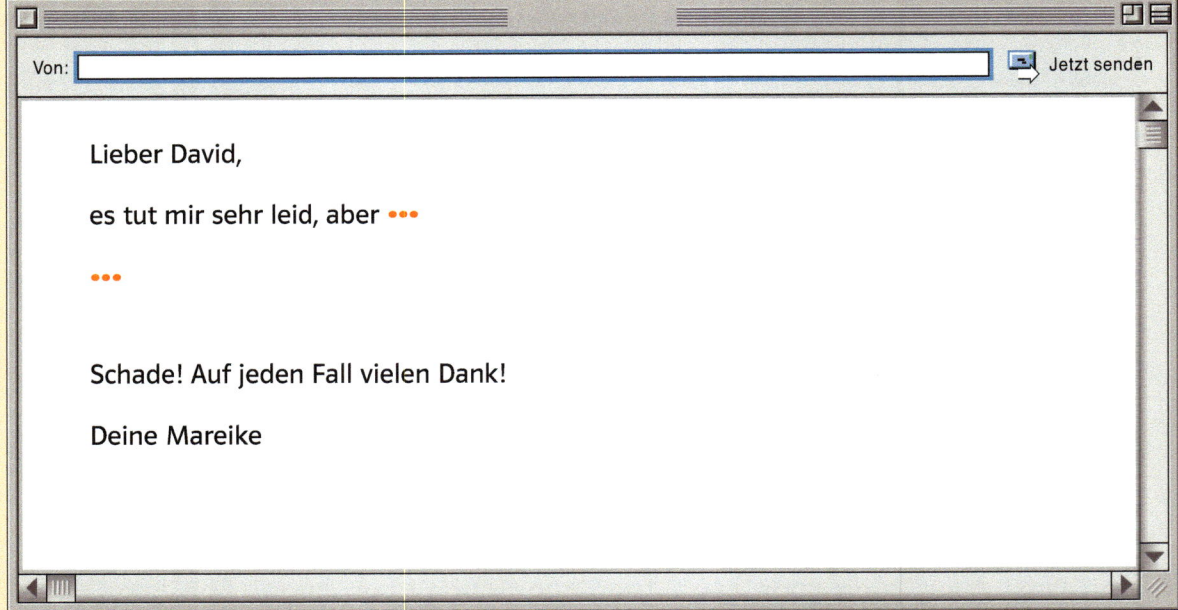

42 zweiundvierzig

sprechen

11 Zieh eine Karte.
Karte mit Fragezeichen (?):
Formulier eine Frage.
Dein Partner antwortet.

Beispiel:

Mögliche Frage: *Wohin fährst du im Sommer?*
Mögliche Antwort: *Ich fahre in die Türkei, nach Antalya.*

Karte mit Ausrufezeichen (!):
Formulier eine Bitte / Aufforderung.
Dein Partner tut, was du sagst
(oder macht eine Pantomime).

Mögliche Bitte /
Aufforderung: *Bring mir dein Heft.*
Reaktion: Dein Partner bringt dir sein Heft.

12 Bildet Gruppen.
Zieht eine Karte und stellt Fragen.

Thema: *Freizeit*
Karte: *Hobbys*
Mögliche Frage: *Was sind deine Hobbys?*
Mögliche Antwort: *Meine Hobbys sind Fußball und Musik.*

Beispiel:

13 Klaus fährt im Sommer ans Meer.
Tobias spricht mit Klaus über seine Ferienpläne.
Spiel den Dialog mit deinem Partner.

Wo?	Griechenland, Ierissos
Wann?	August, 2 Wochen, 5.–20. August
Fahrt?	nach Athen fliegen, dann Auto
Unterkunft?	Privatzimmer bei einer Familie
Was?	baden, surfen, Rad fahren, interessante Exkursionen, …

dreiundvierzig

Grammatik

1. Die Modalverben *können, müssen, wollen, sollen*

a. Lies die Beispiele.

Stefan **kann** sehr gut schwimmen. Er **kann nicht** Tennis spielen. Aber er **will** Tennis spielen lernen. Deshalb **muss** er einen Tenniskurs besuchen. Die Oma fragt die Eltern: **Soll** ich Stefan einen Tennisschläger schenken?

b. Was passt zusammen?

1. Er kann …
2. Er will …
3. Er muss …
4. Soll ich …?
5. Er kann nicht …

a. Sie braucht einen Rat.
b. Er hat es gelernt.
c. Es ist nötig. Es geht nur so.
d. Er hat es nicht gelernt.
e. Er möchte es sehr stark.

c. Übersetze die Beispiele in a in deine Sprache und vergleiche.

d. Schau die Positionen im Satz an.

Aussagesatz:
Stefan **kann** sehr gut **schwimmen**.
Er **will** einen Tenniskurs **besuchen**.

Ja / Nein-Frage:
Kannst du auch **klettern**?
Willst du es **lernen**?

Ergänze die Regeln:

Aussagesatz: Das Modalverb steht auf Position ●, der Infinitiv steht ●.
Ja/Nein-Frage: Das Modalverb steht auf Position ●, der Infinitiv steht ●.

e. Schau die Tabelle an. Was fällt auf?

		können	wollen	müssen	sollen	
1.	ich	kann	will	muss	soll	Singular
2.	du	kannst	willst	musst	sollst	
3.	er, sie, es	kann	will	muss	soll	
1.	wir	können	wollen	müssen	sollen	
2.	ihr	könnt	wollt	müsst	sollt	Plural
3.	sie	können	wollen	müssen	sollen	
4.	Sie	können	wollen	müssen	sollen	höflich: Singular + Plural

Ergänze die Regel:

Bei den Modalverben sind 1. Person und 3. Person ●.

f. Lies laut.

Am Sonntag ● Tina und Brigitte ins Schwimmbad gehen. Die Mädchen ● sehr gut schwimmen, sie haben viel Spaß. Leider ● Brigitte aber schon um 16.00 Uhr zu Hause sein, ihre Tante Evi kommt zu Besuch. Tina überlegt: ● ich auch nach Hause gehen oder ● ich noch da bleiben?

2. Zusammengesetzte Wörter

a. Lies die Beispiele.

der Ski	+	der Kurs	→	der Ski**kurs**
die Sprache	+	der Kurs	→	der Sprach**kurs**
der Sport	+	die Tasche	→	die Sport**tasche**
der Sport	+	die Schuhe	→	die Sport**schuhe**
surfen	+	das Brett	→	das Surf**brett**
joggen	+	der Anzug	→	der Jogging**anzug**
baden	+	die Hose	→	die Bade**hose**

Beachte: Im Deutschen gibt es viele zusammengesetzte Wörter. Das letzte Wort gibt den Artikel.

b. Gibt es in deiner Sprache auch zusammengesetzte Wörter?

c. Lies laut mit Artikeln.

Tina packt ● Reisetasche für die Ferien. Das packt sie ein: ● Sporthose, ● Tennisball, ● Tennisschläger, ● Badeanzug, ● Sommerrock, ● Sonnenmilch, ● Sonnenbrille und ● Geburtstagsgeschenk für ihre Mutter.

d. Lies laut mit Possessiv-Artikeln, wo es passt.

Modul 4 Grammatik

3. Der Possessiv-Artikel (2)

Possessiv-Artikel: Nominativ

a. Lies die Beispiele.

Anna, ist das …	– Ja, das ist …	
dein MP3-Player,	mein MP3-Player,	(der / ein MP3-Player)
deine Sporttasche,	meine Sporttasche,	(die / eine Sporttasche)
dein T-Shirt?	mein T-Shirt.	(das / ein T-Shirt)
Sind das deine Inlineskates?	Das sind meine Inlineskates.	(die Inlineskates)

b. Lies die Beispiele.

3. Person Singular:

Gehört der MP3-Player **Stefan**?	– Ja, das ist **sein** MP3-Player.
Gehört die Sporttasche **Stefan**?	– Ja, das ist **seine** Sporttasche.
Gehört der Tennisschläger **Tina**?	– Ja, das ist **ihr** Tennisschläger.
Gehört die Uhr **Tina**?	– Ja, das ist **ihre** Uhr.

3. Person Plural:

Gehört das Haus **den Weigels**?	– Ja, das ist **ihr** Haus.
Gehört die Firma **den Weigels**?	– Ja, das ist **ihre** Firma.

> **Ergänze die Regel:**
>
> Possessiv-Artikel männliche Person = ●
> Possessiv-Artikel weibliche Person = ●
> Possessiv-Artikel Plural = ●

Beachte: höfliche Form Singular:
Herr Weigel, sind das **Ihre** Schuhe?   – Ja, das sind meine Schuhe.

Possessiv-Artikel: Akkusativ

a. Was sucht sie? Lies das Beispiel.

Tina sucht **ihren** Kuli, **ihre** Uhr und **ihr** Handy.

Beachte:

	maskulin	feminin	neutral
Nominativ	Das ist **ein** Kuli.	**eine** Uhr	**ein** Handy
	Das ist *ihr* Kuli.	*ihre* Uhr	*ihr* Handy
Akkusativ	Sie hat **einen** Kuli.	**eine** Uhr	**ein** Handy
	Tina sucht **ihren** Kuli.	**ihre** Reisetasche	**ihr** Handy

Ergänze die Regel:

Der Possessiv-Artikel hat dieselben Endungen wie ●.
Akkusativ: Nur Akkusativ ● hat eine besondere Form.

b. Lies die Tabelle. Welche Formen sind gleich?

	maskulin		feminin	neutral	Plural
	Nominativ	Akkusativ	Nom./Akk.	Nom./Akk.	Nom./Akk.
ich	mein	mein**en**	meine	mein	meine
du	dein	dein**en**	deine	dein	deine
er	sein	sein**en**	seine	sein	seine
sie	ihr	ihr**en**	ihre	ihr	ihre
es	sein	sein**en**	seine	sein	seine
wir	unser	uns(e)**ren**	uns(e)re	unser	uns(e)re
ihr	euer	eur**en**	eure	euer	eure
sie	ihr	ihr**en**	ihre	ihre	ihre
Sie	Ihr	Ihr**en**	Ihre	Ihre	Ihre

Beachte:

euer – eure: ● Ist das **euer** Haus? Sind das **eure** Eltern?
unser – unsre: ● Ja, das ist **unser** Haus und das sind **unsre** Eltern.

c. Lies mit Possessiv-Artikel.

Paul ruft ● Freundin Monika an. Er möchte mit ihr ins Kino gehen. Aber sie hat keine Zeit. ● Tante Ulla und ● Onkel Jan sind zu Besuch. Danach ruft Paul ● Freund Boris an. Aber der hat auch keine Zeit. ● Opa und ● Oma sind gerade da. Also bleibt Paul zu Hause und hört ● Lieblings-CDs.

Modul 4 Grammatik

4. Lokal-Ergänzung mit den Präpositionen *in*, *an*, *nach*

a. Lies die Beispiele.

Wohin fährst du?

Ich fahre …
in
ins Gebirge (ins = in das)
in die Alpen
in die Stadt
in die Schule

Ich fahre …
an
ans Meer (ans = an das)
an den Bodensee
an die Algarve

Ich fahre …
nach / in
nach Paris   (Stadt)
nach Österreich   (Land)
in die Schweiz, in die USA   (Land mit Artikel)
nach Norddeutschland (Region)
nach Sylt, nach Kreta (kleine Insel)
nach Hause

b. Übersetze die Beispiele in deine Sprache. Vergleiche.

48 achtundvierzig

5. Temporal-Ergänzung mit *im* und *am*; das Datum; (Uhrzeit)

a. Lies die Beispiele.

Im Winter schneit es manchmal.　　　　　　　(im = in dem)
Im August ist es heiß.
Am Samstag haben die Kinder keine Schule.　　(am = an dem)
Am Vormittag bleiben sie zu Hause.
Tina hat **am** 22. Mai Geburtstag.
Um 15.00 Uhr kommen die Gäste.

b. Schau die Tabelle an.

Jahreszeit	Monat	Tag / Tageszeit	Datum	Uhrzeit
im Winter	im August	am Samstag am Vormittag	am 22. Mai	um 15.00 Uhr

c. Lies noch einmal die Daten auf Seite 28.

Beachte:　Datum 1–19:　　　am *Zahl*-**ten**
　　　　　　　　　　　　　　　am fünf**ten**

　　　　　　Datum ab 20:　　　am *Zahl*-**sten**
　　　　　　　　　　　　　　　am zwanzig**sten**

　　　　　　Besondere Daten:　**1.** → am **ersten**
　　　　　　　　　　　　　　　3. → am **dritten**

d. Lies laut.

Der Schweizer Nationalfeiertag ist ● 1. August, der Tag der Einheit in Deutschland ist
● 3. Oktober und der österreichische Nationalfeiertag ist ● 26. Oktober.
Vom 4. Juli bis 15. August haben wir Schulferien. ● 16. August beginnt die Schule wieder.

Modul 4 Grammatik

6. Zahlen – Jahreszahlen

a. Lies die Beispiele laut.

- Jahreszahlen:
  Einstein ist 1879 geboren und 1955 gestorben.

  Am 20. Mai 2020 wird sie 20.

  Wann?
  18**hundert**79
  19**hundert**55

  2**tausend**20

- Zahlen:
  Er hat 1955 Euro gewonnen.
  Sie braucht 2020 Euro.

  Wie viel?
  = eintausendneun**hundert**fünfundfünfzig
  = zwei**tausend**undzwanzig

Beachte: Jahreszahlen: kein „in": **Er ist** in **1955 geboren**.

b. Wie spricht man Jahreszahlen in deiner Sprache?

7. Das Verb *werden*

a. Schau die Tabelle an.

		werden	
1.	ich	werde	Singular
2.	du	w**i**rst	
3.	er, sie, es	w**i**rd	
1.	wir	werden	Plural
2.	ihr	werd**e**t	
3.	sie	werden	
4.	Sie	werden	höflich: Singular + Plural

TIPP: Lern: ich werde – du wirst – er wird

Beachte: Tina **ist** 13. Am 22. Mai **wird** sie 14.

b. Lies laut.

Lisa, wie alt ● du dieses Jahr? – Ich ● 13. – Und deine Geschwister?
– Also, mein Bruder ● 10 und meine beiden Schwestern ● 7 und 5.

8. Imperativ (1)

a. Lies die Beispiele. Was fällt auf?

Imperativ	2. Person	Infinitiv
Kauf bitte eine Flasche Cola!	← du kaufst	kaufen
Komm um 15.00 Uhr!	← du kommst	kommen
Sprich jetzt Deutsch!	← du spr**i**chst	sprechen
Gib Lukas den Ball!	← du g**i**bst	geben
Fahr nicht so schnell!	← du f**ä**hrst	fahren

Ergänze die Regel:

Der Imperativ hat keine Personen-Endung.
Unregelmäßige Verben: 2. Person mit i → Imperativ mit ⬢.
2. Person mit ä → Imperativ mit ⬢.

b. Lies die Beispiele. Was fällt auf?

Imperativ	2. Person	Infinitiv
Lad deine Freunde **ein**.	← du lädst ein	einladen
Bring etwas zum Essen **mit**.	← du bringst mit	mitbringen

Ergänze die Regel:

Imperativ trennbare Verben: Das Verb steht auf Position ⬢, das Präfix steht ⬢.

c. Besondere Formen: Lies die Beispiele.

	Imperativ
haben	**Hab** keine Angst!
sein	**Sei** nicht so laut!
arbeiten	Arbei**te** jetzt!

Modul 4 Grammatik

9. Die Fragewörter *wer?*, *wen?* und die Präposition *für* + Akkusativ

a. Lies die Beispiele. Übersetze die Beispiele in deine Sprache.

Wer gibt eine Party? – Marie Schulz.
Wen lädt sie ein? – Sie lädt ihren Bruder, ihre Schwester und ihre Freunde ein.
Für wen sind die Geschenke? – Natürlich für Marie!

b. Wie übersetzt du „wer", wie übersetzt du „wen"?

10. Personalpronomen (4)

a. Schau die Tabelle an. Welche Formen sind gleich?

Nominativ	Akkusativ	
ich	mich	
du	dich	
er	ihn	Singular
sie	sie	
es	es	
wir	uns	
ihr	euch	Plural
sie	sie	
Sie	Sie	höflich: Singular + Plural

b. Lies laut. 13

Tina, ● lädst du zum Geburtstag ein? Birgit und Uwe?
– Also, ● lade ich ein, aber ● nicht! Und natürlich lade ich ● auch ein – ● und deine Schwester!

52 zweiundfünfzig

Modul 4 Grammatik

Lösungen für ❶:

❶ 1. b, 2. e, 3. c, 4. a, 5. d

❷ Aussagesatz: Das Modalverb steht auf Position 2, der Infinitiv steht **am Ende**.
Ja/Nein-Frage: Das Modalverb steht auf Position 1, der Infinitiv steht **am Ende**.

❸ Bei den Modalverben sind 1. Person und 3. Person **gleich**.

❹ Am Sonntag **wollen** Tina und Brigitte ins Schwimmbad gehen. Die Mädchen **können** sehr gut schwimmen, sie haben viel Spaß. Leider **muss** Brigitte aber schon um 16.00 Uhr zu Hause sein, ihre Tante Evi kommt zu Besuch. Tina überlegt: **Soll** ich auch nach Hause gehen oder **soll** ich noch da bleiben?

❺ Tina packt **die (ihre)** Reisetasche für die Ferien. Das packt sie ein: die (ihre) Sporthose, **den** Tennisball, **den (ihren)** Tennisschläger, **den (ihren)** Badeanzug, **den (ihren)** Sommerrock, **die** Sonnenmilch, **die (ihre)** Sonnenbrille und **das** Geburtstagsgeschenk für ihre Mutter.

❻ Possessiv-Artikel männliche Person = **sein** / Possessiv-Artikel weibliche Person = **ihr** / Possessiv-Artikel Plural = **ihr**

❼ Der Possessiv-Artikel hat dieselben Endungen wie **der unbestimmte Artikel**. Akkusativ: Nur Akkusativ **maskulin** hat eine besondere Form.

❽ Paul ruft **seine** Freundin Monika an. Er möchte mit ihr ins Kino gehen. Aber sie hat keine Zeit. **Ihre** Tante Ulla und **ihr** Onkel Jan sind zu Besuch. Danach ruft Paul **seinen** Freund Boris an. Aber der hat auch keine Zeit. **Sein** Opa und **seine** Oma sind gerade da. Also bleibt Paul zu Hause und hört **seine** Lieblings-CDs.

❾ Der Schweizer Nationalfeiertag ist **am ersten** August, der Tag der Einheit in Deutschland ist **am dritten** Oktober und der österreichische Nationalfeiertag ist **am sechsundzwanzigsten** Oktober. Vom **vierten** Juli bis **fünfzehnten** August haben wir Schulferien. **Am sechzehnten** August beginnt die Schule wieder.

❿ Lisa, wie alt **wirst** du dieses Jahr? – Ich **werde** 13. – Und deine Geschwister? – Also, mein Bruder **wird** 10 und meine beiden Schwestern **werden** 7 und 5.

⓫ Unregelmäßige Verben: 2. Person mit i ← Imperativ mit i. / Unregelmäßige Verben: 2. Person mit ä → Imperativ mit a.

⓬ Imperativ trennbare Verben: Das Verb steht auf Position **1**, das Präfix steht **am Ende**.

⓭ Tina, **wen** lädst du zum Geburtstag ein? Birgit und Uwe? – Also, **sie** lade ich ein, aber **ihn** nicht! Und natürlich lade ich **dich** auch ein – **dich** und deine Schwester!

Teste dein Deutsch!
Wortschatz und Grammatik

1 Notier fünf Sportarten.

2 Wie ist das Wetter?

a.   b.   c.   d.   e.

3 Notier 5 Geschenke (mit Artikel).

4 Was passt zusammen? Schreib die Wortkombinationen mit Artikel.

Park-
Mobil-
Ski-
Sommer-
Sport-
Wetter-
Bade-
Reise-

der   die
das
die (Plural)

Schuhe
Anzug
Bericht
Tasche
Hotel
Kurs
Telefon
Ferien

Beispiel:
die Badetasche

5 Schreib die Antworten in Buchstaben.

a. Wann bist du geboren?   b. Wann hast du Geburtstag?

6 Was passt hier?

Was macht ihr …1… Urlaub? – …2… Winter fahren wir …3… Österreich …4… Berge. Dort …5… wir jeden Tag Ski fahren. …6… August fahren wir immer …7… Bodensee. Ich …8… sehr gut schwimmen, mein Bruder …9… surfen lernen. Deshalb …10… er einen Surfkurs besuchen. Meine Eltern …11… viel wandern. Das …12… man dort sehr gut.

1 im am	2 in im	3 zu nach	4 ins in die	5 können könnt	6 am im
7 ans an den	8 könne kann	9 will wollt	10 müsst muss	11 willen wollen	12 kann könnt

Selbstkontrolle

▶ **Lösungen auf Seite 140**

Du hast …
… maximal 4 Fehler: SEHR GUT! Mach weiter so!
… 5 bis 8 Fehler: noch o.k. Aber du kannst es besser!
… mehr als 8 Fehler: Wiederhol die Übungen von Modul 4.

MODUL 5

Krank, gesund, ungesund

Du lernst ...

- die Namen der Körperteile
- einige Krankheiten und Medikamente benennen
- Leserbriefe verstehen
- etwas empfehlen
  Treiben Sie Sport!
  Iss nicht so viele Süßigkeiten!
- die Namen von Lebensmitteln
- ein Rezept verstehen
- dein Lieblingsrezept schreiben
- erzählen, was du gestern / letzte Woche gemacht hast
- über einen Unfall berichten
- um Erlaubnis bitten
- Lieder auf Deutsch

- andere fragen
  Was tut dir weh?
  Was tut ihr / ihm weh?
  Was ist passiert?
  Darf ich Eiscreme essen?

- auf Fragen antworten
  Mir tut der Kopf / der Bauch weh.
  Sie / Er hat Halsschmerzen.
  Ich bin gestürzt. Ich habe mir wehgetan.
  Natürlich darfst du Eiscreme essen.

fünfundfünfzig 55

2 Was ist das? Schreib die Wörter in dein Heft.

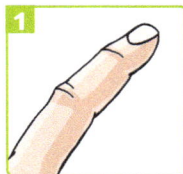 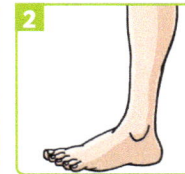  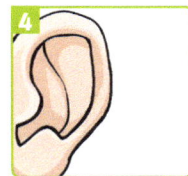 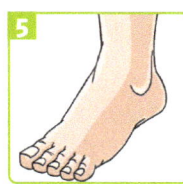 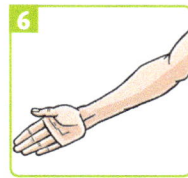

3 Was hast du einmal, zweimal, mehrmals? Fragt und antwortet in der Klasse.

Beispiele:
- Was hast du einmal?
- Einen Kopf.
- Was hast du zweimal?
- Zwei Beine.

4 Mal eine Tabelle in dein Heft. Schreib die Wörter von 1 in die richtige Spalte.

Ich habe …

einen	eine	ein	zwei	10	32 (?)
Kopf, …	…	…	…	…	…

5 Was sagt Stefan? Hör zu. ▶29

- Stefan, wie geht's dir?
- Schlecht, sehr schlecht.
- Warum?
- Mir tut der Kopf weh.
- Tut mir leid.

6 Lies und ergänze dabei.

Bausteine

- Stefan, wie geht's dir?
- Schlecht, …
- Warum?
- Mir … der Kopf …
- …

7 Reihenübung: Fragt und antwortet.

Was tut dir weh? → Mir tut der Bauch weh. Was tut dir weh? → Mir tun die Ohren weh. Was tut dir weh? → Mir tut …

8 Spielt Minidialoge wie in Übung 5. Zeigt, wo es weh tut.

siebenundfünfzig

9 Erkennst du die Krankheit? Was hat Nr. 1, 2, … ?

Bauchschmerzen Zahnschmerzen Kopfschmerzen Halsschmerzen
Grippe Fieber Husten Schnupfen

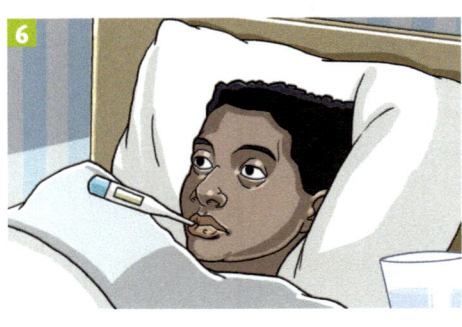

10 Hör zu und sprich nach. ▶ 30

11 Übt zu zweit.

- Hast du Kopfschmerzen?
- Ja, mir tut der Kopf weh.

- Hast du Ohrenschmerzen?
- Ja, mir tun die Ohren weh.

▶ AB S. 40–41: Ü. 3, 4

58 achtundfünfzig

12 Wem tut was weh? Bilde Sätze.

Dem Mann		der Kopf	
Der Frau		der Bauch	
Dem Kind	tut	die Füße	weh.
Dem Jungen	tun	ein Zahn	
Dem Mädchen		der Hals	
Den Zwillingen		die Ohren	

13 Übt zu zweit. Fragt und antwortet wie in den Beispielen.

a.
● Was tut dem Mann weh?
● Ihm tut der Hals weh.

b.
● Wem tut der Hals weh? Dem Mann?
● Ja, ihm tut der Hals weh.

Ebenso mit den Beispielen in Übung 12.

Grammatik

Nominativ	Dativ	
der Mann	dem Mann	→ ihm
die Frau	der Frau	→ ihr
das Mädchen	dem Mädchen	→ ihm
die Zwillinge	den Zwillingen	→ ihnen
Wer?	Wem?	

neunundfünfzig

Modul 5 Lektion 1

14 Welches Medikament passt zu welcher Krankheit?

1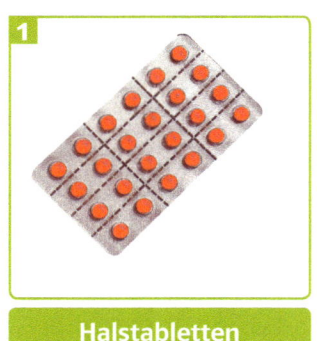
Halstabletten

2
Hustensaft

3
Kamillentee

4
Nasentropfen

5
Schmerztabletten

a. Bauchschmerzen
b. Schnupfen
c. Halsschmerzen
d. Kopfschmerzen
e. Husten

1	2	…
…	…	…

➤ AB S. 41-42: Ü. 5, 6, 7, 8

15 Spielt Minidialoge wie in den Beispielen.

a.
● Herr Doktor, ich habe Husten!
● Nehmen Sie Hustensaft!

b.
● Mutti, ich habe Schnupfen.
● Nimm …

c.
● Mutti, wir haben Kopfschmerzen.
● Nehmt …

Grammatik

Imperativ
Nimm! Nehmt! Nehmen Sie!
Trink! Trinkt! Trinken Sie!

➤ AB S. 43-44: Ü. 9, 10, 11, 12

60 sechzig

16 Sätze bauen.

Kopier die Seite.
Schneide die Karten aus (✂).
Misch die Karten und bau Sätze.
Wer am schnellsten die meisten
Sätze baut, gewinnt.
Viel Spaß!

Die Meinung des Arztes

Haben Sie Probleme? Brauchen Sie einen Rat? Doktor Bender hat für jeden die passende Antwort. Schreiben Sie an unsere Redaktion: „Fit und gesund", Postfach 3297, 20093 Hamburg, oder schicken Sie uns eine E-Mail: fitleben@aol.de

17 Lies die Briefe und die Antworten von Doktor Bender.

1 *Sehr geehrter Doktor Bender, mein Sohn hat seit einiger Zeit regelmäßig Bauchschmerzen. Morgens, wenn er zur Schule geht, ist es besonders schlimm. Wir waren schon bei unserem Hausarzt. Er hat gesagt, das ist Schulstress. Ist das möglich?*
Jutta Schmidt, Bonn

2 *Lieber Herr Doktor, ich habe ein Problem: Was soll ich mit meinen Pickeln machen? Ich bin 14, meine Freundinnen sagen, ich bin sehr hübsch. Aber ich finde meine Pickel einfach schrecklich! Können Sie mir helfen und einen Rat geben?*
Katja Seitz, München

3 *Lieber Doktor Bender, seit einem Monat habe ich regelmäßig Kopfschmerzen: morgens, nachmittags und abends. Ich kann mich nicht mehr konzentrieren. In der Nacht kann ich nicht gut schlafen. Was soll ich tun?*
Karl Meier, Mainz

A Vielleicht arbeiten Sie zu viel. Was Sie brauchen, ist Urlaub. Fahren Sie ein paar Tage weg. Sie müssen viel spazieren gehen. Rauchen Sie weniger und trinken Sie keinen Kaffee. Und nehmen Sie keine Tabletten! Das hilft sowieso nichts.

B Das ist nicht so schlimm. Alle Jugendlichen in deinem Alter haben dasselbe Problem. Und in ein paar Jahren ist es bestimmt vorbei. Inzwischen kannst du ein Gesichtswasser oder eine Gesichtscreme verwenden.

C Natürlich ist das möglich. Vor allem, wenn man morgens zur Schule geht und nervös ist. Aber bitte, geben Sie Ihrem Sohn keine Tabletten. Er braucht nur Kamillentee.

18 Verstehst du die Briefe und die Antworten?

a. Welcher Brief und welche Antwort passen zusammen?

1	2	...
...	...	...

b. Notier Stichworte in deinem Heft.

	Problem	Rat von Doktor Bender
Jutta Schmidt	...	...
Katja Seitz	...	...
Karl Meier	...	...

Wortschatz wiederholen!

19 Was sagst du?

a   b   c   d

Mir …
Ich habe …

20 Ein Wort passt nicht in die Reihe.

1. Bauchschmerzen – Pickel – Grippe – Fieber
2. Beine – Arme – Finger – Hände
3. Hustensaft – Karottensaft – Kamillentee – Nasentropfen

21 Anfrage an Doktor Bender: Ergänze.

Ich habe ein •••. Können Sie mir ••• ••• •••? Was soll ich •••?

AB S. 45: Ü. 13, 14

Aussprache! *Hör gut zu und sprich nach!*

Vokal lang:

a: Zahn, Nase, Rat, haben, ein paar
e: weh, nehmen, sehr, Creme
i: die, wie, Fieber, ihr, dir

Vokal kurz:

Hand, Arm, Mann, hat
Schmerz, schlecht, denn
Finger, Grippe, Pickel, fit

Du kannst …

AB S. 46–47: Ü. 15, 16, 17

fragen

Wie geht es dir?
Wie geht es Ihnen?

Was tut dir weh?
Hast du Fieber?
Hat er Kopfschmerzen?

Nimmst du Schmerztabletten?

sagen

Mir geht es gut / nicht so gut / schlecht / … ✓

… … …

Mir tut der Bauch weh. ✓
 ✓
Dem Mann tut der Kopf weh. ✓
Der Oma tun die Füße weh. ✓
Den Kindern tun die Ohren weh. ✓

… … …

Nimm doch Schmerztabletten! ✓
Trink Kamillentee. ✓

dreiundsechzig 63

Modul 5 · Lektion 2 · Gesund leben

Ich treibe Sport.	a. nie	b. ab und zu	c. regelmäßig
Ich esse Obst und Gemüse.	a. nie	b. ab und zu	c. jeden Tag
Ich esse Pommes frites mit Ketchup.	a. regelmäßig	b. manchmal	c. nie
Ich trinke Cola.	a. regelmäßig	b. manchmal	c. nie
Ich trinke Milch.	a. selten	b. ab und zu	c. jeden Tag
Ich esse Fisch.	a. selten	b. ab und zu	c. oft
Ich esse Fleisch.	a. jeden Tag	b. sehr oft	c. ab und zu
Ich fahre Rad.	a. selten	b. manchmal	c. oft
Ich sehe fern.	a. oft	b. manchmal	c. selten
Ich gehe zu Fuß.	a. nie	b. ab und zu	c. regelmäßig

a = 1 Punkt;   b = 2 Punkte;   c = 3 Punkte

Wie viele Punkte hast du?

26-30 Punkte:	Du lebst sehr gesund.
21-25 Punkte:	Du lebst gesund.
16-20 Punkte:	Du lebst nicht sehr gesund. Du kannst mehr für deine Gesundheit tun.
13-15 Punkte:	Du lebst ungesund! Du musst mehr für deine Gesundheit tun!
weniger als 13 Punkte:	Achtung!! Du lebst sehr gefährlich!

1 Ein Test: Was tust du für deine Gesundheit?

2 Was ist gesund? Was ist ungesund? Mach zwei Listen in deinem Heft.

gesund

Milch, ...

ungesund

...

Milch – Cola – Fleisch – Sport – Auto fahren – Pommes frites – Hustensaft – Computerspiele – Rad fahren – Fußball spielen – fernsehen – Chips – Karotten – zu Fuß gehen – Torte – Schokolade – Äpfel – Würste – Salat – ...

3 Lies den Text: Was stimmt? Was stimmt nicht?

Peter Weigel lebt gefährlich!

Peter Weigel ist in Gefahr. Er raucht zu viel. Er weiß: Rauchen schadet der Gesundheit! Er trinkt auch zu viel Kaffee: jeden Tag 8 bis 10 Tassen. Er meint: Kaffee hält fit! Aber Kaffee schadet dem Magen.

Peter Weigel ist ein Feinschmecker. Sein Lieblingsessen ist Schweinebraten mit Sauerkraut. Er isst gern und viel. Deshalb hat er 15 Kilo Übergewicht! Aber er meint: Na ja, ich bin zwar ein bisschen mollig, aber das ist doch nicht so schlimm, oder?

In der Bank hat er immer viel zu tun. Er arbeitet mehr als seine Kollegen und er macht jeden Tag Überstunden. Deshalb hat er keine Freizeit mehr. Er möchte gern Sport treiben, aber dazu findet er nie Zeit. Zu viele Zigaretten, zu viel Kaffee, zu viel Essen, zu viel Arbeit, kein Sport!

Ja, Peter Weigel lebt wirklich gefährlich!

Herr Weigel	raucht	sehr gern und viel.
	trinkt	zu viel.
	isst	keinen Sport.
	hat	viel Freizeit.
	arbeitet	Überstunden.
	macht	Übergewicht.
	treibt	nicht viel Kaffee.

Grammatik

schaden + Dativ
Rauchen schadet der Gesundheit.

4 Hör zu: Was sagt Frau Weigel? ▶ 33

> Peter, ich finde, du lebst ungesund und gefährlich. Ab heute darfst du nicht mehr rauchen, keinen Kaffee mehr trinken, keine fetten Speisen essen. Und du musst natürlich Sport treiben: joggen, Rad fahren ... Das hilft den Muskeln! Ich will einen dynamischen, sportlichen und gesunden Mann!

Meinst du??

5 Lies und ergänze dabei.

Bausteine

● Peter, ab heute **darfst du** nicht mehr ...,
keinen Kaffee mehr ..., keine fetten Speisen ....
Und **du musst** natürlich ...: joggen, ...
Ich will einen ...

6 Herr Weigel fragt, Frau Weigel antwortet.

Liebling, darf ich ....?
..............................?
..............................?

nicht ....!
Nein, du darfst kein(e) ....!
keinen ....!

Grammatik

	dürfen
ich	darf
du	darfst
er, sie, es	darf
wir	dürfen
ihr	dürft
sie	dürfen
Sie	dürfen

7 Frau Weigels Diätplan für Herrn Weigel: erlaubt und verboten. Spielt Minidialoge.

- Renate, darf ich weiter Wurst essen?
- Nein, du darfst nicht.
- Aber Milch darf ich trinken?
- Ja, du musst sogar viel Milch trinken.

AB S. 48-50: Ü. 1, 2, 3, 4, 5

8 Lies den Text.

Monika, die Vegetarierin

Monika ist Vegetarierin, seit einem Jahr ist sie sogar „Veganerin", d. h. sie isst kein Fleisch, keinen Fisch und keine Tierprodukte. Sie isst aber viel Gemüse, Obst, Nudeln, Müsli und viele Sojaprodukte wie z.B. Milch, Käse, Wurst, aber aus Soja. Sie meint, Sojaprodukte sind lecker und schmecken sehr gut. Diese Produkte kauft sie in einem Bioladen.

9 Was darf ein Veganer/eine Veganerin essen bzw. nicht essen? Mach zwei Listen in deinem Heft.

| Wurst | Schinken | Käse | Nudeln | Kartoffeln | Bioprodukte |
| Eier | Milch | Sojaprodukte | Gemüse | Fisch | Reis |

10 Was darf ein Veganer/eine Veganerin essen bzw. nicht essen? Schreib in dein Heft.

Ein Veganer darf Nudeln essen, aber er darf keine Wurst essen. •••

AB S. 50-51: Ü. 6, 7

11 Was fragt Tina? Was antwortet ihre Mutter? ▶ 34

- Warum darf Vati nicht mehr rauchen?
- Weil Rauchen gefährlich ist.
- Warum darf er keinen Kaffee mehr trinken?
- Weil Kaffee dem Magen schadet.
- Und warum darf er nicht mehr so viel essen?
- Weil er 15 kg Übergewicht hat.

Grammatik

weil ... ⟶ Verb ist am Satzende!

12 Lies und ergänze dabei.

Bausteine

Warum darf Vati nicht mehr rauchen?
Weil Rauchen gefährlich **ist.**
Warum darf er keinen Kaffee mehr trinken?
Weil ...
Und **warum** darf er nicht mehr so viel essen?
Weil ...

AB S. 51: Ü. 8, 9

13 Warum hat Vati ...?

- Warum hat Vati Zahnschmerzen?
- Weil er zu viele Süßigkeiten isst.

Ebenso mit:

Kopfschmerzen – Überstunden machen
immer müde – schläft zu wenig
Bauchschmerzen – zu viel essen
zu dick – zu fett essen
nervös sein – zu viel arbeiten
Übergewicht haben – nie Sport treiben
oft krank – lebt ungesund

AB S. 52-54: Ü. 10, 11, 12, 13, 14

14 Lies die Kalorientabelle.

Kalorientabelle (für jeweils 100 g)

Brot / Backwaren		Gemüse		Milchprodukte	
1 Brötchen	110	Salat	20	Käse	300-400
Kuchen	400	Tomaten	20	Vollmilch (0,2 l)	150
		Kartoffeln	85	Joghurt	60
Fisch		Karotten	40	1 Teelöffel Butter	80
Forelle	85			Eiscreme	200
Sardinen	130	**Obst**			
Schollenfilet	100	1 Apfel	30	**Süße Sachen**	
		1 Birne	30	1 Esslöffel Marmelade	40
Fleisch		1 Banane	60	1 Esslöffel Honig	60
Rinderbraten	140			Schokolade	500
Schweinebraten	160	**Getränke** (0,2 l)			
		Mineralwasser	0	**Sonstiges**	
Wurst		Cola	90	Nudeln	350
Bratwurst	350	Limonade	80	Reis	350
Würstchen	300	Apfelsaft	80	1 Ei	140
Schinken	250	Eistee	60	Pizza	180

15 Ein 12 Jahre altes Kind braucht ca. 2200 - 2500 Kalorien (kcal) pro Tag. Stell ein Tagesmenü zusammen. Schreib in dein Heft.

Frühstück
•••
Kalorien: •••

Mittagessen
•••
Kalorien: •••

Abendessen
•••
Kalorien: •••

16 Frau Weigel, eine sportliche Frau. Hör das Interview. ▶35

1. Wo spielt die Situation?
   a. In einer Turnhalle.
   b. In einem Park.
   c. Zu Hause.

2. Was macht Frau Weigel dort?
   a. Sie macht Gymnastik.
   b. Sie macht Aerobic.
   c. Sie joggt.

3. Was macht Frau Weigel nicht?
   a. Tennis spielen.
   b. Rad fahren.
   c. Auto fahren.

4. Was isst Frau Weigel oft?
   a. Fleisch und Wurst.
   b. Bioprodukte.
   c. Obst und Gemüse.

Modul 5 Lektion 2

17 Wie macht man einen Kartoffelsalat? Lies das Rezept.

ZUTATEN
Für 4 Portionen: 1 kg Kartoffeln, 1 Zwiebel, Essig, Öl, Senf, Salz, Pfeffer, 4 Radieschen, Kresse, 1 Prise Zucker.

Die Kartoffeln waschen und in einem Topf mit Salzwasser zum Kochen bringen und gar kochen. Das Wasser abgießen, die Kartoffeln etwas abkühlen lassen, schälen und in Scheiben schneiden.

Die Kartoffeln in eine Schüssel geben.

4 Esslöffel Öl und 4 Esslöffel Essig in eine Schüssel geben, 1 Teelöffel Senf dazugeben und mit Salz und Pfeffer würzen.

Alles mit der Gabel oder einem Mixer gut verquirlen.

Die Salatsoße über die Kartoffeln gießen. Die Radieschen waschen, in dünne Scheiben schneiden und mit der Kresse auf den Kartoffeln verteilen.

Die Zwiebel in Würfel schneiden, Öl in einer Pfanne erhitzen, die Zwiebelwürfel in die Pfanne geben und goldgelb anbraten.
Die Zwiebeln zu den Kartoffeln geben, alles vorsichtig mischen.

18 Was passt zusammen? Es gibt mehrere Lösungen. Schreib die Kombinationen auch in dein Heft.

1. das Wasser
2. die Kartoffeln
3. in Scheiben
4. Öl und Essig
5. mit Salz und Pfeffer
6. Senf
7. die Zwiebel
8. Radieschen
9. Öl

a. anbraten
b. würzen
c. verquirlen
d. abgießen
e. waschen
f. zum Kochen bringen
g. schälen
h. schneiden
i. erhitzen
j. dazugeben
k. abkühlen lassen

1	2	...
d, ...	...	...

19 Welches Wort fehlt hier?

Öl und Essig in eine Schüssel ••• – die Salatsoße über die Kartoffeln ••• – die Zwiebelstücke in die Pfanne ••• – die Zwiebeln zu den Kartoffeln •••

20 Erklär das Rezept mit deinen eigenen Worten.

▶ AB S. 54: Ü 15, 16

Zuerst muss man ..., dann ..., danach ... und zum Schluss ...

21 Schreib das Rezept zu deinem Lieblingsessen.

22 Ein Leserbrief.

An: „Die Redaktion antwortet"

Liebe Frau Kunert,
in der letzten Zeit habe ich 10 Kilogramm zugenommen. Ich weiß nicht warum, aber ich habe ständig Hunger und möchte immer essen. Das Problem ist, dass ich oft allein zu Hause bin. Meine Eltern kommen erst am Abend von der Arbeit zurück und ich bin praktisch den ganzen Nachmittag allein. Ich mache zwar Hausaufgaben, aber dann gehe ich in die Küche und suche mir etwas zum Essen aus. Egal was: Kekse, Chips, Süßigkeiten, Schokolade ... Es ist schon mal passiert, dass ich an einem Nachmittag drei Schokoriegel, eine Packung Kekse, zwei Nutellabrote und über 20 Bonbons gegessen habe. Manchmal weiß ich aber nicht, warum ich mich mit all dem Zeug vollstopfe.
Bisher habe ich mir keine großen Gedanken darüber gemacht. Aber seitdem ich so viel zugenommen habe, kann ich mich nicht mehr im Spiegel betrachten. Ich hasse mich und meine Figur.
Frau Kunert, helfen Sie mir: Was soll ich machen?

Nina

Antworte.

1. Warum hat Nina 10 Kilo Übergewicht? – Weil ...
2. Warum ist sie oft allein? – Weil ...
3. Was macht sie in der Küche?
4. Warum isst sie so ungesund?
5. Warum hasst sie sich? – Weil ...

23 Schreib Nina einen Brief: Was soll sie tun?

Wortschatz wiederholen!

24 Was ist gleich?

1. Er hat Übergewicht.
2. Er lebt ungesund.
3. Er darf keine Süßigkeiten essen.
4. Sein Lieblingsessen ist …
5. Er hat keine Freizeit.
6. Er treibt keinen Sport.
7. Er fährt immer mit dem Auto.
8. Er arbeitet mehr als seine Kollegen.
9. Er hat viel zu tun.
10. Er macht eine Diät.

a. Er joggt nicht, spielt nicht Tennis, …
b. Die Kollegen arbeiten nicht so viel.
c. Er arbeitet bis spät in die Nacht.
d. Er hat viel Arbeit.
e. Er ist zu dick.
f. Er isst so gern …
g. Er isst nur noch Salat, Obst und Gemüse.
h. Er geht nie zu Fuß, fährt nie Rad.
i. Er darf keine Schokolade, keinen Kuchen essen.
j. Er lebt nicht gesund.

1	2	…
…	…	…

▶ AB S. 55: Ü. 17, 18

▶37 Aussprache! Hör gut zu und sprich nach!

Vokal lang:
o: H*o*nig, *O*bst, C*o*la, S*o*hn, Br*o*t
u: t*u*n, N*u*deln, F*u*ß, K*u*chen

Vokal kurz:
Sp*o*rt, j*o*ggen, Kart*o*ffel
M*u*skel, W*u*rst, B*u*tter, Prod*u*kt

Du kannst …

ein gesundes Frühstück zusammenstellen	✓	
	… … …	
sagen		
Rad fahren ist gesund.	Immer nur Auto fahren ist ungesund.	✓
Obst und Gemüse sind gesund.	Süßigkeiten sind ungesund.	✓
	… … …	
ein Rezept verstehen		✓
ein Rezept schreiben		✓
	… … …	
um Erlaubnis bitten	Darf ich Bratwurst essen?	✓
etwas erlauben (verbieten)	Du darfst (keine) Schokolade essen.	✓
	… … …	
fragen	einen Grund nennen	
Warum nimmst du Tabletten?	Weil ich Kopfschmerzen habe.	✓

▶ AB S. 56: Ü. 19, 20

▶38 Wir singen: Was isst du, mein Kind?

Was isst du, mein Kind? Ich ess' Pommes frites. Warum isst du das? Das schmeckt so gut. Du darfst aber nicht! Warum denn nicht? Das ist ungesund. Na, und? Na, und?

Was isst du, mein Kind?
Ich ess' Salat.
Das ist sehr gesund.
Das weiß ich wohl.

Und deine Pommes frites?
Jetzt Schluss damit.
Pommes frites machen dick,
Salat macht fit.

dreiundsiebzig 73

Modul 5 · Lektion 3

Tina hat sich wehgetan

1 Schau die Bilder an. Was ist passiert?

2 Was erzählt Tina? Hör zu. ▶39

3 Welches Bild passt zu welchem Text?

1. Ich bin gestern von der Schule zurückgekommen. Das Wetter war so schön und ich wollte eine Radtour machen.

2. Ich habe mein Fahrrad aus dem Keller geholt, ich bin aufgestiegen und losgefahren.

3. Plötzlich ist ein Fußgänger mitten auf dem Radweg stehen geblieben. Ich habe ihn zu spät gesehen und konnte nicht mehr bremsen.

4. Tja ... wir sind also zusammengestoßen. Ich bin gestürzt und habe mir so am rechten Arm wehgetan. So ein Pech! Und dem anderen ist nichts passiert ...

4 Was ist passiert? Ordne zu.

1	2	...
...	...	...

1. Tina **ist** von der Schule ...
2. Sie **hat** das Fahrrad aus dem Keller ...
3. Sie **ist** auf das Fahrrad ...
4. Dann **ist** sie mit dem Fahrrad ...
5. Sie **hat** einen Fußgänger nicht ...
6. Sie **ist** mit dem Fußgänger ...
7. Sie **ist** ...
8. Sie **hat** sich am rechten Arm ...
9. Dem Fußgänger **ist** aber nichts ...

a. ... gestürzt.
b. ... zusammengestoßen.
c. ... zurückgekommen.
d. ... gesehen.
e. ... geholt.
f. ... losgefahren.
g. ... passiert.
h. ... aufgestiegen.
i. ... wehgetan.

5 Erzähl, was passiert ist.

Gestern ist Tina ...

Dann ...

Plötzlich ...

Grammatik
Tina **ist** von der Schule **zurückgekommen**.
Gestern **ist** Tina von der Schule **zurückgekommen**.

6 Und wie ist es weitergegangen? Diskutiert in der Klasse.

– Hat der Fußgänger Tina geholfen?
– Ist Tina von selbst aufgestanden?
– Wie ist Tina nach Hause gekommen? Zu Fuß? Mit dem Bus? Mit dem Taxi?
– Ist Tina zum Arzt gegangen?

7 Perfekt: Was gehört zusammen?

machen	hat ... gesehen
sehen	hat ... geholt
wehtun	ist ... gegangen
helfen	hat ... geholfen
bleiben	hat ... gemacht
gehen	hat ... wehgetan
fahren	ist ... passiert
stürzen	ist ... gestürzt
holen	ist ... aufgestiegen
passieren	ist ... gefahren
aufsteigen	ist ... geblieben
zurückkommen	ist ... zurückgekommen

Grammatik

Infinitiv	Perfekt
machen	hat ge**macht**
holen	hat ge**holt**
fahren	**ist** ge**fahren**
bleiben	**ist** ge**blieben**
zurückkommen	**ist** zurück**gekommen**
passieren	**ist** passier**t**

AB S. 57-58: Ü. 1, 2, 3, 4

fünfundsiebzig

8 Herr Weigel hat abgenommen.

Herr Weigel hat eine Schlankheitskur gemacht und er hat 10 Kilo abgenommen. Er hat jeden Tag eine halbe Stunde Sport gemacht. Zum Frühstück hat er nur Obst gegessen oder einen Saft getrunken. Er hat nicht mehr geraucht und nur ab und zu Kaffee getrunken. In der Bank hat er weniger gearbeitet, d.h. er hat keine Überstunden mehr gemacht. Jetzt fühlt er sich besser. „Die Mühe hat sich gelohnt", sagt er zufrieden.

9 Antworte.

1. Wie viel Kilo hat Herr Weigel abgenommen?
2. Hat er Sport getrieben?
3. Was hat er zum Frühstück gegessen bzw. getrunken?
4. Was hat er nicht mehr gemacht?
5. Hat er immer noch viel gearbeitet?
6. Ist er jetzt zufrieden?

10 Wann war das? Lies die Beispiele.

- Oktober 2014 / 18 / Samstag – **heute**
- Oktober 2014 / 17 / Freitag – **gestern**
- Oktober 2014 / 16 / Donnerstag – **vorgestern**
- Oktober 2014 / 11 / Samstag – **letzte Woche**
- Oktober 2014 / 8 / Mittwoch – **vor zehn Tagen**
- September 2014 / 18 / Donnerstag – **letzten Monat**
- Oktober 2013 / 18 / Freitag – **letztes Jahr**

11 Wann hat Tina sich wehgetan? Spielt Minidialoge.

Tina sich wehtun – vorgestern

- Wann hat Tina sich wehgetan? Vorgestern?
- Ja, sie hat sich vorgestern wehgetan.

Ebenso mit:

vom Fahrrad stürzen – vorgestern
zum Arzt gehen – gestern
Brigitte sehen – letzte Woche
nach Bonn fahren – vor drei Tagen

vom Urlaub zurückkommen – letzten Monat
zu Hause bleiben – gestern
nach Lissabon fahren – letztes Jahr

12 Reihenübung: Fragt und antwortet.

Wann hast du dir wehgetan? → Ich habe mir gestern wehgetan. Wann hast du dir wehgetan? → Ich habe mir letzte Woche wehgetan. Wann hast du dir wehgetan? → …

AB S. 59-60: Ü. 5, 6

13 Wann ist Tina beim Arzt gewesen? Spielt Minidialoge.

Tina – gestern

● Wann ist Tina beim Arzt gewesen? Gestern?
● Ja, sie ist gestern beim Arzt gewesen.

Ebenso mit:

bei Brigitte – vorgestern
in München – letzte Woche
in Berlin – letzten Monat
in Frankfurt – vor 10 Tagen
in Berlin – letztes Jahr
bei Karin – gestern

AB S. 60-61: Ü. 7, 8, 9

14 Eine E-Mail aus dem Krankenhaus. Petra schreibt an ihre Freundin Marion.

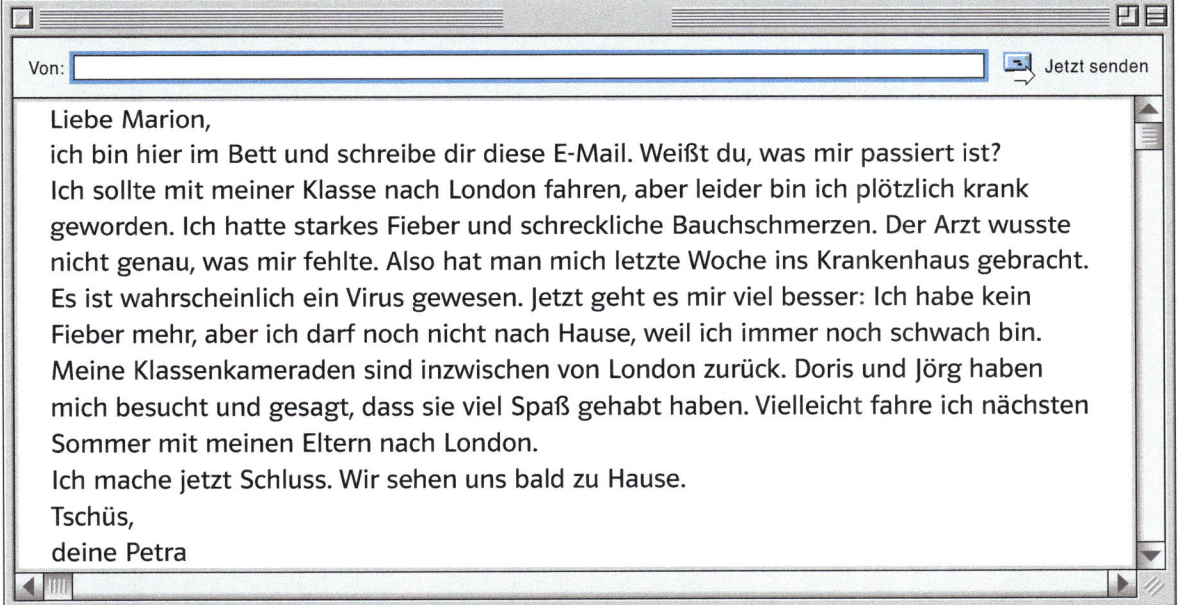

Von:

Liebe Marion,
ich bin hier im Bett und schreibe dir diese E-Mail. Weißt du, was mir passiert ist? Ich sollte mit meiner Klasse nach London fahren, aber leider bin ich plötzlich krank geworden. Ich hatte starkes Fieber und schreckliche Bauchschmerzen. Der Arzt wusste nicht genau, was mir fehlte. Also hat man mich letzte Woche ins Krankenhaus gebracht. Es ist wahrscheinlich ein Virus gewesen. Jetzt geht es mir viel besser: Ich habe kein Fieber mehr, aber ich darf noch nicht nach Hause, weil ich immer noch schwach bin. Meine Klassenkameraden sind inzwischen von London zurück. Doris und Jörg haben mich besucht und gesagt, dass sie viel Spaß gehabt haben. Vielleicht fahre ich nächsten Sommer mit meinen Eltern nach London.
Ich mache jetzt Schluss. Wir sehen uns bald zu Hause.
Tschüs,
deine Petra

Was stimmt?

1. Petra liegt in einem Krankenhaus in London.
2. Petra ist mit ihrer Klasse nach London gefahren.
3. Petra ist seit gestern im Krankenhaus.
4. Petra hat immer noch starkes Fieber.
5. Petra geht es jetzt besser.
6. Petra muss noch im Krankenhaus bleiben.
7. Einige Freunde haben Petra im Krankenhaus besucht.
8. Petra fährt im Sommer sicherlich nach London.

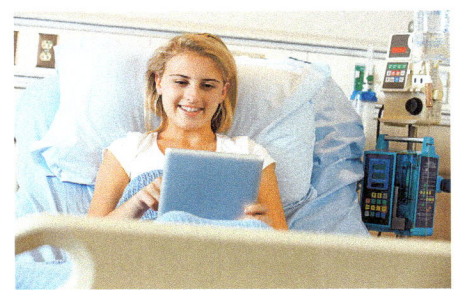

siebenundsiebzig

15 Ein Skiunfall: Tobias hat sich ein Bein gebrochen. Wie ist das passiert?
Erzähl die Bildergeschichte. Unten findest du Wortschatz zu den Bildern.

1. Was fragt Tobias?
2. Was fragt Martin?

3. Wohin gehen sie?
4. Was haben sie dabei?

5. Wo sind sie jetzt?
6. Warum sitzt Tobias auf seinem Koffer?

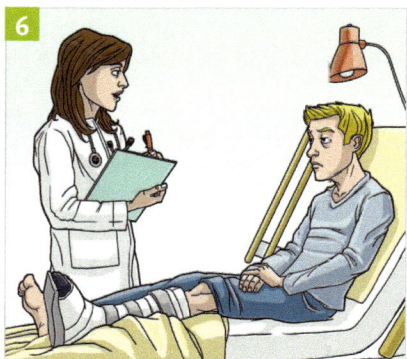

7. Was machen sie?
8. Wie ist das Wetter?
9. Sind viele Leute auf der Piste?

10. Was passiert Tobias?

11. Wo ist Tobias?
12. Was sagt die Ärztin?

Wortschatz zu den Bildern:

Bild 1
zusammen Skifahren gehen
mit dem Bus fahren
mit dem Zug fahren

Bild 2
zum Bahnhof gehen
die Skier, der Koffer,
die Reisetasche, der Rucksack

Bild 3
im Zug sein
der Zug voll / keinen Platz finden
müde sein

Bild 4
die Piste runterfahren
sonnig, aber kalt
nur wenige Skifahrer

Bild 5
hinfallen (er fällt hin)
sich ein Bein brechen
(er bricht)

Bild 6
im Krankenhaus sein
im Bett liegen
in diesem Winter nicht mehr Ski fahren

16 **Bilderpuzzle.**

Bildet Gruppen. Kopiert die Seite. Schneidet die Bilder aus (ohne Text).
Jeder zieht ein Bild und beschreibt es.
Legt dann die Bilder in die richtige Reihenfolge. Erzählt die Geschichte frei.

17 Zwei Interviews: Was haben Jörg und Melanie am Wochenende gemacht? ▶40
Was stimmt?

Jörg

1. Wohin ist Jörg am Samstag gegangen?
   a. Ins Jugendzentrum.
   b. Ins Krankenhaus.
   c. Ins Gebirge.

2. Warum?
   a. Weil das Wetter schön war.
   b. Weil er Mathe lernen musste.
   c. Weil die Oma krank war.

3. Was hat er am Sonntag gemacht?
   a. Er ist zu Hause geblieben und hat intensiv gelernt.
   b. Er hat eine Wanderung mit seinen Freunden gemacht.
   c. Er hat den ganzen Nachmittag ferngesehen.

Melanie

1. Was hat Melanie am Samstagnachmittag gemacht?
   a. Sie hat für die Schule gelernt.
   b. Sie ist mit ihren Eltern weggefahren.
   c. Sie ist zu Hause geblieben und hat ferngesehen.

2. Wie lange hat sie am Sonntag geschlafen?
   a. Bis Mittag.
   b. Bis 13.00 Uhr.
   c. Bis drei Uhr nachmittags.

3. Was hat sie am Sonntag gemacht?
   a. Sie ist ins Restaurant gegangen.
   b. Sie ist mit ihrem Hund spazieren gegangen.
   c. Sie ist mit ihren Eltern weggefahren.

AB S. 61: Ü. 10

Wortschatz wiederholen!

18 Bettina erzählt am Telefon.
Welche Verben passen in die Lücken? Ergänze die richtige Form und lies laut.

Letzten Sonntag bin ich mit dem Zug nach München •••,
ich habe dort meine Tante Doris •••.

Aber dann ist leider etwas •••: Am Bahnhof habe ich ein Taxi •••.
Aber das Taxi ist mit einem Radfahrer •••. Es war schlimm: Der
Radfahrer ist ••• und hat sich den Arm •••. Er hat große Schmerzen •••.

Der Taxifahrer hat ihn gleich ins Krankenhaus •••. Ich bin •••. Ein Arzt
hat sich den Arm ••• und ich habe meine Tante •••. Sie ist gleich •••
und hat mich •••.

Wir haben dann noch gemütlich Kaffee ••• und Kuchen •••. Es war
dann noch ein schöner Sonntag!

fahren
passieren
besuchen
zusammenstoßen
nehmen
ansehen
bringen
essen
kommen
brechen
haben
abholen
mitfahren
stürzen
anrufen
trinken

19 Wie sagt man das in deiner Sprache?

a. die Überstunde
b. das Übergewicht
c. die Schlankheitskur
d. der Klassenkamerad
e. So ein Pech!
f. Die Mühe hat sich gelohnt.

20 Ein Wort passt nicht in die Reihe.

1. gestern – vorgestern – heute – letzte Woche
2. ab und zu – selten – manchmal – immer
3. mit dem Bus – mit dem Taxi – zu Fuß – mit dem Zug

AB S. 61-62: Ü. 11, 12

Aussprache! ▶42 Hör gut zu und sprich nach!

Umlaut lang:
ä: Käse, Märchen, Väter, gefährlich
ö: Öl, Brötchen, schön, Söhne
ü: Brüder, Gemüse, süß, Mühe

Umlaut kurz:
Mädchen, gefällt, Plätze, Fächer
Löffel, Köpfe, plötzlich, möchte
Tschüs, Würfel, Küche, stürzen

Du kannst …

eine Bildergeschichte erzählen		✓
etwas aus der Vergangenheit erzählen	Letztes Jahr sind wir in Paris gewesen.	✓
	Dort sind wir auf den Eiffelturm gestiegen.	✓
	… … …	
erzählen, was passiert ist	Ich bin vom Fahrrad gestürzt.	✓
	Ich habe mir wehgetan.	✓
	Ich habe mir das Bein gebrochen.	✓
	… … …	
fragen	*auf Fragen antworten*	
Was ist passiert?	Er hat einen Unfall gehabt.	✓
	Er ist mit einem Skifahrer zusammengestoßen.	✓
Wann ist das passiert?	Gestern. / Vorgestern. / Letzte Woche. / …	✓
Wann seid ihr nach Paris gefahren?	Letztes Jahr. / Vor einem Jahr. / Letzten Monat. / Vor 10 Tagen. / …	✓

AB S. 62: Ü. 13, 14

▶ 43 **Wir singen:** *Der Unfall*

Sag' mal, Tina, wie ist der Unfall passiert? Sag' mal, Tina, wie ist der Unfall passiert? Ich bin schnell gefahren, viel zu schnell gefahren, und ich habe den Fußgänger, den Fußgänger nicht gesehen.

Und ich konnte nicht mehr bremsen,
nicht mehr halten. (2x)
Und wir lagen auf der Nase. (2x)
Und ich habe mir den Arm wehgetan!

Hat sich der Fußgänger
auch so wehgetan? (2x)
Nein, der hat viel Glück gehabt. (2x)
Und er hat sich überhaupt
nicht wehgetan!

einundachtzig 81

Modul 5 Training

hören

Wir trainieren

1 Du hörst drei Werbespots aus dem Radio.
Hör jeden Werbespot zweimal!

a. **Was stimmt?** ▶44

1. Das ist eine Werbung für ein Medikament gegen …
   a. Schnupfen.
   b. Kopfschmerzen.
   c. Grippe.

2. Das Medikament heißt …
   a. Aktiv 2000.
   b. Multi-Sanovit.
   c. Sanokopf.

3. Das Medikament findet man …
   a. direkt beim Arzt.
   b. in allen Apotheken.
   c. nur in den besten Apotheken.

b. **Was stimmt?** ▶45

1. Wo liegt das Fitnesscenter?
   a. In Salzburg, Jakoberstraße 40.
   b. In Freiburg, Jakoberstraße 14.
   c. In Marburg, Jakoberstraße 44.

2. Was kann man in dem Fitnesscenter nicht machen?
   a. In die Sauna gehen.
   b. Tennis spielen.
   c. Fußball spielen.

3. Was organisiert die Direktion?
   a. Weiße Wochen.
   b. Grüne Wochen.
   c. Ausflüge und Exkursionen.

82 zweiundachtzig

hören

c. Was stimmt? ▶46

1. Wo liegt das Hotel Alpenhof?
   a. In Kitzbühel.
   b. In Garmisch.
   c. In Seefeld.

2. Was bietet das Hotel Alpenhof?
   a. Hallenbad, Sauna, Solarium.
   b. Tennisplätze.
   c. Nur bayerische Spezialitäten.

3. Wo sind die Skipisten?
   a. Direkt vor dem Hotel.
   b. Nicht weit weg vom Hotel.
   c. 15 Minuten vom Hotel entfernt.

2 Stephan Klar hat ein Gipsbein. Was ist passiert? ▶47
Hör das Gespräch zweimal.

Was stimmt?

1. Stephan hat sich vor zwei Wochen das Bein gebrochen.
2. Er ist einfach gestürzt.
3. Er hatte starke Schmerzen.
4. Die anderen Spieler haben den Arzt gerufen.
5. Der Arzt hat sofort gesehen, was Stephan hat.

dreiundachtzig

3 Am Schwarzen Brett einer Schule hängen zwei Angebote. Lies die Angebote und löse die Aufgaben.

a.

Kochkurs für Anfänger
1 Wenn du nach der Schule nach Hause kommst, musst du immer aufwärmen, was
2 die Mama am vorigen Abend gekocht hat. Und das schmeckt meistens nicht so
3 gut. Du möchtest was Leckeres essen. Du hast aber keine Zeit oder du kannst
4 nur ganz einfache Gerichte kochen.
5 Dann ist das das Richtige für dich!
6 In einem Kochkurs lernst du 20 Blitzrezepte! Kleine, aber leckere Gerichte,
7 für die man nur 10 Minuten braucht.
8 **Wo?** In der Küche der Mensa (neben der Turnhalle).
9 **Wann?** Jeden Mittwoch, 15.00 – 16.00 Uhr.
10 **Beginn?** Nächsten Mittwoch, den 25. Februar.
11 Weitere Informationen erteilt dir Monika (Klasse 8B).
12 Also, Schluss mit Ravioli aus der Dose und Spaghetti mit Ketchup!!

Was stimmt? – In welcher Zeile findest du die Informationen?

1. Die Anzeige interessiert Schüler, die …
   a. schon gut kochen können.
   b. mindestens schon 20 Rezepte kennen.
   c. nicht kochen können.

2. Was lernt man in diesem Kochkurs?
   a. Wie man Ravioli aus der Dose kocht.
   b. Wie man Spaghetti mit Ketchup zubereitet.
   c. Wie man schnelle, aber leckere Gerichte zubereitet.

3. Wo findet der Kurs statt?
   a. Bei Monika.
   b. In der Küche der Mensa.
   c. In der Mensa.

lesen

b.

Weiße Woche in den Dolomiten!

1. Kannst du schon Ski fahren? Dann kannst du mitmachen.
2. Kannst du gar nicht Ski fahren? Kein Problem! Du kannst trotzdem mitmachen und
3. einen tollen Skikurs mit einem erfahrenen Skilehrer besuchen.
4. Die Klasse 7C organisiert eine weiße Woche in Südtirol, und zwar in St. Ulrich.
5.   Wann?   In den Winterferien, vom 14. bis 20. Februar.
6. Wir wohnen in einem tollen Hotel mit Hallenbad und Diskokeller. Stell dir vor:
7. Ski fahren, dann schwimmen und am Abend tanzen. Super, meinst du nicht?
8. Und das ist gar nicht so teuer. Nur 300 Euro! Alles inklusive (Skipass auch).
9. Hast du noch Fragen? Dann wende dich an Herrn Brandt, unseren Sportlehrer.
10. Anmeldungen bis spätestens 20. Januar.

Was stimmt? – In welcher Zeile findest du die Informationen?

1. Wer kann mitmachen?
   a. Nur wer schon gut Ski fahren kann.
   b. Nur wer nicht Ski fahren kann.
   c. Alle Schüler.

2. Wer organisiert die weiße Woche?
   a. Herr Brandt.
   b. Die Klasse 7C.
   c. Die Stadt St. Ulrich.

3. Wann kann man sich anmelden?
   a. Vom 14. bis zum 20. Februar.
   b. Bis zum 20. Januar.
   c. Bis zum 20. Februar.

fünfundachtzig

4 Ein Leserbrief aus der Rubrik „Die Redakteurin antwortet".
Tobias schreibt an die Redakteurin, Frau Kunert.

1 Liebe Frau Kunert,
2 meine Mutter hat sich vor einem Monat entschlossen, Vegetarierin zu werden.
3 Und das wäre an und für sich nicht so schlimm. Das Problem ist aber, dass sie will, dass
4 wir alle zu Hause vegetarisch essen. Sie meint: Vegetarier leben besser. Aber stimmt das
5 wirklich? Ich weiß, dass Obst und Gemüse gut für die Gesundheit sind. Klar, ein paar
6 fleischlose Tage in der Woche sind ganz in Ordnung. Aber seit einem Monat essen wir zu
7 Hause kein Fleisch mehr, keine Wurst, keinen Schinken … nur vegetarische Gerichte! Und
8 viele, viele Sojaprodukte. Meine Mutter mag solche Produkte. Ich finde sie aber ganz fad
9 und langweilig! Ich möchte so gern ab und zu ein saftiges Steak oder eine Scheibe Wurst
10 essen. Also sind wir (d.h. Vati, mein Bruder Hans und ich) gestern in ein argentinisches
11 Steakrestaurant gegangen und haben endlich ein großes Steak gegessen! Lecker! Unser
12 Problem: Wie können wir unsere Mutti überreden, nicht so extrem vegetarisch zu kochen?
                                                                              Tobias

Was stimmt? – In welcher Zeile steht das?

1. Die Mutter von Tobias isst kein Fleisch mehr.
2. Bei Tobias zu Hause sind alle Vegetarier.
3. Tobias isst gern Fleisch.
4. Die Mutter von Tobias kauft viele Sojaprodukte.
5. Die ganze Familie war gestern in einem Steakrestaurant.

lesen

5 Lies den Text. Antworte dann auf die Fragen.

Hamburgerrestaurants: schnell und billig essen

Hamburgerrestaurants gab es zunächst nur in Amerika. In den 70er-Jahren haben sie dann Europa erobert und heute findet man sie in allen Städten der Welt.

Diese Restaurants haben sich auf Fertiggerichte spezialisiert: Hamburger in allen Variationen, Pommes frites, Salate und verschiedene Getränke.

Sie haben einen großen Vorteil: Sie sind sehr praktisch! Es gibt nämlich keine Bedienung, man braucht also nicht zu warten, das Essen ist nicht teuer und macht Kleinkindern viel Spaß.

Aber diese Restaurants haben auch Nachteile: Es gibt Pappteller, Becher und Besteck aus Plastik. Und die Hamburger sind in Papier oder Pappe eingewickelt. Und alles wird nach dem Essen weggeschmissen. Dadurch entsteht viel Müll.

Viele Leute sind gegen Hamburgerrestaurants, weil sie meinen, diese Kettenrestaurants sind ein Symbol der so genannten Globalisierung. Andere meinen zudem, dass Essen in diesen Restaurants ungesund ist und überall gleich schmeckt. Egal wo man einen Hamburger isst, in Amerika oder in Russland, in Spanien oder in Deutschland: Er schmeckt überall gleich.

Fragen:

1. Wo findet man Hamburgerrestaurants?
2. Was kann man in einem Hamburgerrestaurant essen?
3. Welches sind die Vorteile eines Hamburgerestaurants?
4. Welches sind die Nachteile eines Hamburgerestaurants?
5. Warum sind viele Leute gegen Hamburgerrestaurants?

schreiben

6 Du wolltest deinen Freund Markus in Deutschland besuchen, aber du bist krank geworden und warst im Krankenhaus. Deine Eltern haben Markus informiert. Er schreibt dir eine E-Mail.

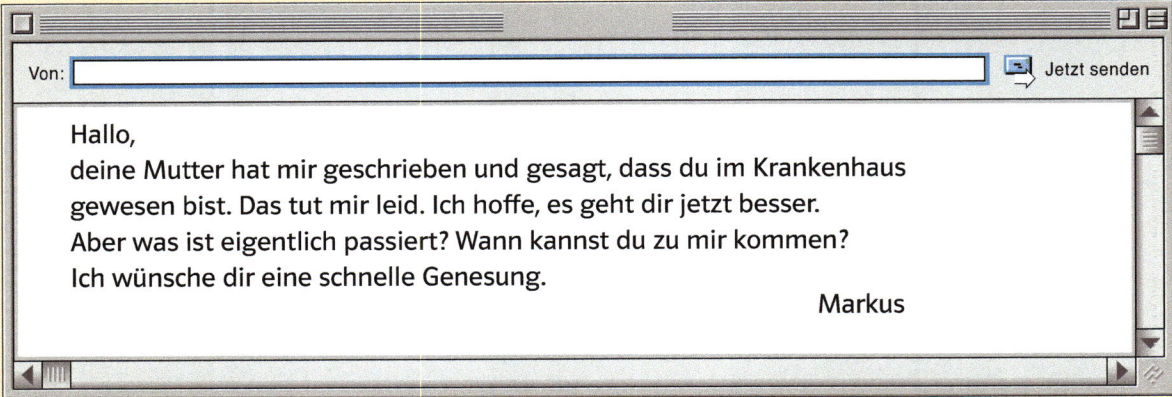

Hallo,
deine Mutter hat mir geschrieben und gesagt, dass du im Krankenhaus gewesen bist. Das tut mir leid. Ich hoffe, es geht dir jetzt besser.
Aber was ist eigentlich passiert? Wann kannst du zu mir kommen?
Ich wünsche dir eine schnelle Genesung.
                                                            Markus

Antworte Markus.
Schreib jeweils ein oder zwei Sätze zu den vier Fragen (ca. 50 Wörter).
Vergiss nicht die Anrede und den Gruß am Ende.

1. Wie geht's dir jetzt?
2. Warum bist du im Krankenhaus gewesen (krank? Unfall?)?
3. Wie lange bist du im Krankenhaus geblieben?
4. Wann kannst du nach Deutschland fahren?

Lieber Markus,

vielen Dank für …

sprechen

Beispiel:

7 Zieh eine Karte.
Welche Situation siehst du auf der Karte?
Was sagt die markierte Person?

Mögliche Lösung: *Ich mache Fitnesstraining, weil ich gesund bleiben will.*

8 Bildet Gruppen. Zieht eine Karte.
Sprecht zu zweit wie im Beispiel.
Zieht eine andere Karte …

Thema: *Gesundheit*
Karte: *Was … ?*
Mögliche Frage: *Was tust du für deine Gesundheit?*
Mögliche Antwort: *Ich esse viel Obst und Gemüse.*

Beispiel:

Thema: Gesundheit 1

Was …?

Thema: Gesundheit 2

Warum …?

Thema: Gesundheit 3

Wie oft …?

Grammatik

1. Dativ

a. Lies die Beispiele. Such das Subjekt. Such das Objekt. Was findest du noch?

Es ist Weihnachten:
Brigitte schenkt **dem** Opa einen Kugelschreiber und **der** Oma Parfüm.
Den Eltern schenkt sie Pralinen.
Die Eltern schenken **den** Kinder**n** Bücher und Kleidung.
Und **wem** schenkt Brigitte Karotten? – Karotten schenkt sie **ihrem** Hamster!

- In vielen Sätzen findet man Dativ und Akkusativ nebeneinander:
  Brigitte schenkt **dem** Opa **einen** Kugelschreiber.
- Der Dativ steht dann vor dem Akkusativ.

b. Schau die Tabelle an.

Dativ	m	f	n	Plural
bestimmter Artikel	de**m**	de**r**	de**m**	de**n** …n
unbestimmter Artikel	eine**m**	eine**r**	eine**m**	-/keine**n** …n
Possessiv-Artikel	meine**m**	meine**r**	meine**m**	meine**n** …n
	deine**m**	deine**r**	deine**m**	deine**n** …n
	seine**m**	seine**r**	seine**m**	seine**n** …n
	…	…	…	…

Ergänze die Regel:

Dativ maskulin und Dativ neutral haben die Signal-Endung ●,
Dativ feminin hat ● und Dativ Plural hat zweimal ●.

c. Lies nun diese Beispiele. Was fällt auf?

Rauchen schadet **der** Gesundheit.
Wem gehört der Roller?
Mir tut der Kopf weh.
Sport hilft **den** Muskel**n**.

Beachte: Einige Verben haben immer Dativ: schaden, wehtun, gehören, helfen, gut/schlecht gehen (Es geht mir gut.), …

TIPP: Lern die Verben mit Dativ auswendig.

d. Übersetze die Beispiele in c in deine Sprache und vergleiche.

2. Personalpronomen (5)

Du kennst die Personalpronomen Nominativ und Akkusativ (siehe Seite 52).
Jetzt lernst du das Personalpronomen Dativ.

a. Lies die Beispiele.

- Brigitte, wie geht es **dir**?
- **Mir**? Prima!
- Brigitte, was schenkst du deinem Opa und deiner Oma zu Weihnachten?
- **Ihm** schenke ich einen Kugelschreiber und **ihr** Parfüm.
- Und was schenkst du deinen Eltern?
- **Ihnen** schenke ich ein Buch über Amerika.

b. Übersetze die Beispiele in deine Sprache? Wie übersetzt du die Personalpronomen?

c. Lies die Tabelle. Welche Formen sind gleich? Wo gibt es Parallelen?

Nom.	Akk.	Dativ		Nom.	Akk.	Dativ	
ich	mich	mir		wir	uns	uns	
du	dich	dir	Singular	ihr	euch	euch	Plural
er	ihn	ihm		sie	sie	ihnen	
sie	sie	ihr					
es	es	ihm		Sie	Sie	Ihnen	
				höflich: Singular + Plural			

d. Lies laut.

- ● gehört die Sporttasche? ●, Stefan?
- Nein, sie gehört ● Schwester Tina.
- Ach ja! Und wie geht es Tina?
- Heute geht es ● nicht so gut. Sie ist krank, der Kopf und der Hals tun ● weh.
  Aber sie nimmt Schmerztabletten, die helfen ●.
- Und wie geht es ● Eltern?
- Es geht ● prima.
- Sehr schön, grüß sie von ●.
- Gern. Und wie geht es ●, Frau Bauer?

Modul 5 Grammatik

3. Die Fragewörter *wer?, wen?, wem?*

Die Fragewörter „wer" und „wen" kennst du schon (siehe Seite 52).

a. Lies die Beispiele.

Wer gibt eine Geburtstagsparty? (Nominativ)
Wen lädst du ein? (Akkusativ)
Wem schenkst du die CD? **Wem** tut der Kopf weh? (Dativ)

d. Lies laut.

Für ● sind die Blumen? ● kann ich fragen? ● soll ich helfen? ● siehst du dort? ● joggt jeden Tag? ● gehört der Roller? ● gibst du die Pralinen?

4. Imperativ (2)

Du kennst den Imperativ 2. Person (siehe Seite 51).

a. Lies die Beispiele.

Der Arzt sagt: Herr Weigel, **trinken Sie** keinen Kaffee mehr! **Treiben Sie** Sport! **Essen Sie** Obst und Gemüse!
Frau Weigel sagt: Kinder, **fahrt** nicht so schnell! **Esst** nicht so viele Süßigkeiten! **Seid** höflich!

b. Vergleiche die Formen. Was passiert mit dem Personalpronomen?

	Präsens		**Imperativ**
2. Person Plural:	Ihr fahrt …	→	Fahrt!
höfliche Form :	Sie trinken …	→	Trinken Sie …!

Beachte: Imperativ von "sein": Sei höflich! (Singular); Seid höflich! (Plural); Seien Sie vorsichtig! (Singular + Plural)

c. Sag es mit Imperativ.

Beim Arzt: Herr Weigel, Sie dürfen keine Chips mehr essen und keinen Kaffee trinken. Sie müssen 10 Kilo abnehmen! Sie dürfen auch keine Überstunden mehr machen und Sie müssen viel schlafen.

Nach dem Unterricht: Kinder, ihr könnt jetzt eure Fahrräder nehmen und nach Hause fahren. Aber ihr dürft nicht so schnell fahren, ihr müsst auf die Fußgänger und auf die Autos achten.

5. Das Modalverb *dürfen*

a. Lies die Beispiele.

Darf ich Tee **trinken**? – Tee **dürfen** Sie trinken, aber keinen Kaffee.
Du wirst zu dick, du **darfst** keine Süßigkeiten mehr essen. Du **musst** abnehmen.

b. Übersetze die Beispiele in deine Sprache.
Wie sagst du in deiner Sprache „Du darfst keine … mehr essen. Du musst…".

c. Schau die Tabelle an. Was fällt auf?

dürfen					
1.	ich	d**a**rf	Singular	1.	wir	dürfen	Plural
2.	du	d**a**rfst		2.	ihr	dürft	
3.	er, sie, es	d**a**rf		3.	sie	dürfen	
				4.	Sie	dürfen	
				höflich: Singular + Plural			

Ergänze die Regel:

Beim Modalverb „dürfen" sind 1. und 3. Person ●.

6. Nebensatz mit *weil*

a. Lies das Beispiel.

● **Warum** kann Petra nicht mit der Klasse nach London fahren?
● **Weil** sie mit Fieber im Krankenhaus **liegt**. (Petra kann nicht nach London fahren, weil sie im Krankenhaus liegt. = Nebensatz)
● „Warum" **fragt** nach dem **Grund**. „Weil" **nennt** den **Grund**.

Ergänze die Regel:

Nach „weil" steht das Verb am ●.

Beachte: Warum bist du immer so müde? **Weil** ich jeden Tag um 6.00 Uhr **aufstehe**.
("aufstehen" = trennbares Verb: am Satzende nicht getrennt)

Und warum bist du heute nicht müde?
Weil ich gestern Abend schon um 21.00 Uhr ins Bett **gegangen bin**.

1. Partizip Perfekt   2. Satzende: „sein" oder „haben"

b. Übersetze die Beispiele in deine Sprache und vergleiche die Wortstellung.

Modul 5 Grammatik

7. Das Perfekt (1) (siehe auch die Liste, Seite 139)

a. Lies den Dialog.

- Mensch, Tina, was **hast** du denn **gemacht**?!
- Ich **bin** vom Fahrrad **gestürzt**.
- **Hast** du dir **wehgetan**?
- Ja, ich **habe** mir am Arm **wehgetan**.
- **Bist** du gleich zum Arzt **gegangen**?

- Mit dem Perfekt erzählt man, was in der Vergangenheit (gestern, vorgestern, letzte Woche, …) war oder passiert ist.

Ergänze Regel 1:

Das Perfekt hat ● Teile: ● oder ● + Partizip Perfekt.

- Die meisten Verben bilden das Perfekt mit „haben".
  Einige Verben bilden das Perfekt mit „sein".
- Verben mit Akkusativ: Perfekt mit „haben"

  den Arm brechen ● Ich habe den Arm gebrochen.
  die Tante besuchen ● Ich habe die Tante besucht.
  das Fahrrad holen ● Ich habe das Fahrrad geholt.

- Verben mit Bewegung von A ⟶ B: Perfekt mit "sein"

  nach Paris fahren ⟶ Wir sind nach Paris gefahren.
  zurückkommen ⟵ Ich bin nach Hause zurückgekommen.
  hinfallen ↷ Er ist hingefallen.

  Ebenso die Verben "sein" und "bleiben": Ich bin nicht zu Hause gewesen.
  Wir sind drei Wochen in Paris geblieben.

b. Übersetze den Dialog in a. Wie drückst du das Perfekt in deiner Sprache aus?
   Gibt es in deiner Sprache Hilfsverben wie „haben" und „sein"?

c. Schau die Formen an.

- Partizip Perfekt – regelmäßige Verben:
  Sie hat das Fahrrad **ge**hol**t**.   Sie ist **ge**stürz**t**.   Sie hat Pech **ge**hab**t**.

- Partizip Perfekt – unregelmäßige Verben:
  Sie ist schnell **ge**fahr**en**.   Sie hat ihn nicht **ge**seh**en**.   Er hat ihr **ge**holf**en**.

Ergänze Regel 2:

Partizip Perfekt: Vor das Verb kommt ●, an den Verbstamm kommt ● (regelmäßige Verben) oder ● (unregelmäßige Verben).

Beachte:
- Die unregelmäßigen Verben haben manchmal auch einen anderen Vokal:
  g**e**hen – geg**a**ngen; st**ei**gen – gest**ie**gen; h**e**lfen – geh**o**lfen
- Verbstamm mit -t: arbeit- → gearbeit**e**t

d. Schau die Formen an.

- Trennbare Verben (regelmäßig / unregelmäßig):
  mitspielen: Hast du mit**ge**spielt?
  mitfahren: Bist du mit**ge**fahren?
  aufsteigen: Sie ist auf**ge**stiegen.
  zusammenstoßen: Sie sind zusammen**ge**stoßen.

Ergänze Regel 3:

Trennbare Verben: **ge**- ist ● dem Präfix und dem Verb.

Beachte:
- Manche Verben haben kein **ge**- im Partizip Perfekt.
  besuchen – besucht: Sie hat ihre Tante besucht.
  erzählen – erzählt: Habt ihr die Bildergeschichte erzählt?
  pass**ieren** – passiert: Was ist passiert? (Verben mit *-ieren*).
- Besondere Formen:
  essen – gegessen, gefallen – gefallen, bringen – gebracht, denken – gedacht, wissen – gewusst

TIPP: Lern immer die Perfektform mit:

lernen – (er) hat gelernt	= regelmäßiges Verb mit „haben"
stürzen – (er) ist gestürzt	= regelmäßiges Verb mit „sein"
nehmen – (er) nimmt – (er) hat gen**o**mmen	= unregelmäßiges Verb mit „haben"
fahren – (er) fährt – (er) ist gefahren	= unregelmäßiges Verb mit „sein"
losfahren – (er) fährt los – (er) ist losgefahren	= trennbares Verb

e. Schau die Positionen im Satz an.

Tina **hat** das Fahrrad aus dem Keller **geholt**.
Sie **ist** mit einem Fußgänger **zusammengestoßen**.

Ergänze Regel 4:

„sein" / „haben" stehen auf Position ●, das Partizip Perfekt steht ●.

Modul 5 Grammatik

8. Temporal-Ergänzung mit *vor* oder mit Akkusativ

a. Lies die Beispiele.

Wann ist der Unfall passiert? – **Vor** einer Woche.
Wann bist du zurückgekommen? – **Vor** drei Tage**n**. — vor + Dativ

Wann bist du in Berlin gewesen? – Letzt**en** Monat.
Wann hast du ihn angerufen? – Letzt**e** Woche. — Akkusativ
Wann hast du Zeit? – Nächste**s** Jahr.

b. Lies laut.

Letzt● Jahr waren wir auf Sylt, dies● Jahr sind wir nach Spanien gefahren. Vor zwei Woch● sind wir zurückgekommen. Vor ein● Woche hat die Schule wieder angefangen. Nächst● Montag haben wir schon wieder frei.

Modul 5 Grammatik

Lösungen für ●:

1. Dativ maskulin und Dativ neutral haben die Signal-Endung **-m**, Dativ feminin hat **-r** und Dativ Plural hat zweimal **-n**.
2. Wem, Dir, meiner, ihr, ihr, deinen, ihnen, mir, Ihnen
3. Für **wen** sind die Blumen? **Wen** kann ich fragen? **Wem** soll ich helfen? **Wen** siehst du dort? **Wer** joggt jeden Tag? **Wem** gehört der Roller? **Wem** gibst du die Pralinen?
4. **Essen Sie** keine Chips mehr und **trinken Sie** keinen Kaffee. **Nehmen Sie** 10 Kilo **ab**! **Machen Sie** keine Überstunden mehr und **schlafen Sie** viel. – Kinder, **nehmt** jetzt eure Fahrräder und **fahrt** nach Hause. Aber **fahrt** nicht so schnell und **achtet** auf die Fußgänger und auf die Autos!
5. Beim Modalverb „dürfen" sind 1. und 3. Person **gleich**.
6. Nach „weil" steht das Verb **am Ende**.
7. Das Perfekt hat 2 Teile: **haben** oder **sein** + Partizip Perfekt.
8. Partizip Perfekt: Vor das Verb kommt **ge-**, an den Verbstamm kommt **-t** (regelmäßige Verben) oder **-en** (unregelmäßige Verben).
9. Trennbare Verben: **ge-** ist **zwischen** dem Präfix und dem Verb.
10. „sein" / „haben" stehen auf Position **2**, das Partizip Perfekt steht **am Ende**.
11. **Letztes** Jahr, **dieses** Jahr, vor zwei **Wochen**, vor **einer** Woche, **Nächsten** Montag

Teste dein Deutsch!
Wortschatz und Grammatik

1 Notier 7 Körperteile (mit Artikel).

2 Hier stimmt etwas nicht! Wie heißen die Medikamente richtig?

    a. Hustentropfen   b. Nasentee   c. Kamillentabletten   d. Schmerzsaft

3 Verkehrtes Rezept! Wie ist es richtig?

    a. Kartoffeln verquirlen
    b. Salzwasser schneiden
    c. Eier schälen
    d. Zwiebeln würzen
    e. den Schnittlauch zum Kochen bringen
    f. mit Salz und Pfeffer anbraten

4 Du hast einen Unfall gehabt. Was ist passiert? Schreib 4–5 Sätze.

5 *sein* oder *haben*? Was passt hier?

Timo, erzähl mal: Was …1… du am Wochenende gemacht? – Also, am Samstag …2… ich mit Freunden ins Schwimmbad gegangen. Wir …3… bis zum Abend dort geblieben. Am Sonntag …4… ich lange geschlafen und dann gemütlich mit meinen Eltern gefrühstückt. Ich …5… dann zwei Stunden im Internet gesurft. Um eins …6… wir zu Mittag gegessen. Am Nachmittag …7… ich auf den Fußballplatz gegangen und …8… mit Freunden Fußball gespielt.

6 Wie heißt die richtige Verbform?

Um 17.00 Uhr bin ich wieder zu Hause …9… (sein). Meine Eltern und ich haben zusammen Kaffee …10… (trinken). Ich habe dann lange mit meinem Onkel in Hamburg …11… (telefonieren). Am Abend sind noch ein paar Freunde …12… (kommen). Wir haben Musik …13… (hören), …14… (fernsehen) und über Gott und die Welt …15… (diskutieren).

Selbstkontrolle

Lösungen auf Seite 140

Du hast …
… maximal 4 Fehler: SEHR GUT! Mach weiter so!
… 5 bis 8 Fehler: noch o.k. Aber du kannst es besser!
… mehr als 8 Fehler: Wiederhol die Übungen von Modul 5.

MODUL 6

Mein Stadtviertel, meine vier Wände …

Du lernst …

- Orientierung in der Stadt
- Namen von Gebäuden in der Stadt
- Orte in der Stadt
- nach dem Weg fragen
- Wegbeschreibung
- dich in der Fußgängerzone orientieren
- Zimmereinrichtung beschreiben
- Zimmer / Wohnung einrichten
- ein Lied auf Deutsch

- fragen
Wo ist denn hier eine Post?
Wo ist Tina?
Hast du Lust, ins Kino zu gehen?
Wo treffen wir uns?
Wo kaufst du ein?
Entschuldigung, wie komme ich …?
Wohin stellen wir die Lampe?
Wo steht das Bett?
Wohin legst du die Bücher?
Wo liegt das Handy?
Wie sieht dein Zimmer aus?

- auf Fragen antworten
Gleich neben dem Bahnhof.
Sie sitzt im Café.
Ja, gern.
Vor dem Kino.
Am liebsten im Bioladen.
Immer geradeaus, dann nach links.
Neben den Tisch.
An der Wand.
Ins Regal.
Auf dem Sofa.
Es ist groß und hell. Das Bett steht links an der Wand …

neunundneunzig 99

Modul 6 — Lektion 1

Wo ist denn hier ... ?

vor dem Kino

im Café

an der Haltestelle

am Bahnhof

in der Erhardtstraße

vor der Eisdiele

neben dem Auto

1 Hör zu und sprich nach. ▶48

2 Übt zu zweit.

Wo	steht / sitzt / ist	Tina? / Stefan?

Vor / In / An / Neben	dem / der / dem	Eisdiele. / Kino. / Auto. / Erhardtstraße. / Bahnhof. / Café. / Haltestelle.

3 Reihenübung: Fragt und antwortet.

Wer steht neben dem Auto? → Stefan steht neben dem Auto. Wer sitzt im Café? → Tina sitzt im Café. Wer … ?

▶ AB S. 73: Ü. 1, 2

einhunderteins 101

4 Hör zu und sprich nach. Schau auf den Stadtplan. ▶49

1. die Konditorei – 2. das Kino – 3. die Bank – 4. die Kirche – 5. die Apotheke – 6. der Blumenladen – 7. die Bäckerei – 8. der Mediamarkt – 9. das Museum – 10. das Kaufhaus – 11. das Parkhaus – 12. die Post – 13. das Café – 14. die Eisdiele – 15. die Buchhandlung

5 Wo kauft man das? Wo macht man das? Wo gibt es das?

	Nummer		Nummer
Brot kauft man in …	7	Geld holt man in …	?
Kuchen kauft man in …	?	Autos parkt man in …	?
Bücher kauft man in …	?	Filme gibt es in …	?
Blumen kauft man in …	?	Ausstellungen gibt es in …	?
Computer kauft man in …	?	Am Sonntag gehen viele Leute in …	?
Briefmarken kauft man in …	?	Eis isst man in …	?
Tabletten kauft man in …	?		

6 Übt zu zweit wie im Beispiel.

| Treffen wir uns | vor / in … | dem
der
dem | Kino
Park
Mediamarkt
Café
Disko
Kaufhaus
Blumenladen
Museum
Post
Eisdiele
Schule | ? |

● Treffen wir uns vor dem Kino?
  ● Ja, gute Idee, vor dem Kino.
  ● Nein, nicht vor dem Kino, lieber im Mediamarkt.

Grammatik

Wir **treffen uns** vor dem Kino.
Sie **treffen sich** im Park.

AB S. 74: Ü. 3

7 Stadt-Quiz: Was findest du da?
Schau dir den Stadtplan auf Seite 102 an und ergänze.

1. Am Georgenplatz, vor der Kirche, findest du •••
2. In der Fischerstraße, neben der Konditorei, liegt •••
3. In der Franziskanergasse, neben dem Hotel, ist •••
4. In der Fischerstraße, hinter der Kirche, findest du •••
5. Am Stephansplatz, hinter dem Gymnasium, ist •••
6. In der Sebastianstraße, neben der Buchhandlung, findest du •••

8 Wo liegt / ist … ? / Wo ist denn hier … ?
Spielt Minidialoge.

a.
● Wo liegt das Kaufhaus?
● Es liegt hinter der Kirche.

b.
● Wo ist denn hier eine Post?
● In der Jakoberstraße, neben dem Kino.

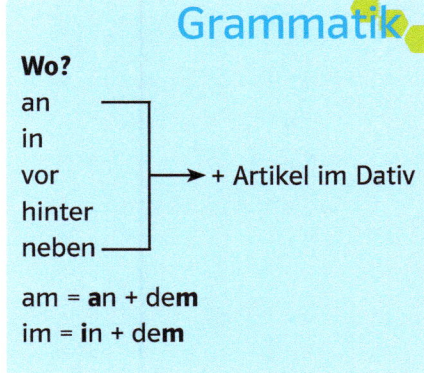

Grammatik

Wo?
an
in
vor   → + Artikel im Dativ
hinter
neben

am = a**n** + de**m**
im = i**n** + de**m**

AB S. 74-75: Ü. 4, 5, 6, 7

9 Natürlich weiß ich das!
Spielt Minidialoge wie im Beispiel.

Du, Brigitte, wo ist die Eisdiele? Weißt du das?

Natürlich weiß ich das! Die Eisdiele liegt in der Franziskanergasse, neben dem Kino.

Grammatik

	wissen
ich	weiß
du	weißt
er, sie, es	weiß

AB S. 75: Ü. 8, 9

10 Wo findet das Gespräch statt? ▶50

Du hörst eine Reihe von kurzen Dialogen.
Wo sind die Leute? Notier in deinem Heft a, b oder c.

1	2	...
...	...	...

1. a. In der Bäckerei.   b. Im Restaurant.   c. Im Café.
2. a. Im Theater.   b. Im Kaufhaus.   c. Im Kino.
3. a. Vor einer Boutique.   b. In der Disko.   c. Im Sportgeschäft.
4. a. Im Hotel.   b. Am Bahnhof.   c. Im Wohnzimmer.
5. a. In der Disko.   b. In der Turnhalle.   c. Im Café.
6. a. Auf der Post.   b. Auf der Bank.   c. Am Bahnhof.

11 Wo kauft Frau Weigel ein? ▶52

> AB S. 76: Ü. 10

Sagen Sie mal, Frau Weigel, wo kaufen Sie normalerweise ein?

Also, Brot kaufe ich in der Bäckerei um die Ecke. Obst und Gemüse kaufe ich auf dem Markt oder im Gemüsegeschäft. Wurst und Fleisch kaufe ich nur in der Metzgerei von Herrn Bender. So weiß ich immer, woher das Fleisch kommt. Und das ist heutzutage sehr wichtig!

12 Lies und ergänze dabei.

Bausteine

Nachbarin: Sagen Sie mal, Frau Weigel, wo kaufen Sie ... ein?
Frau Weigel: Also, Brot kaufe ich ... Bäckerei ... Ecke.
Obst und Gemüse kaufe ich ... Markt oder ...
Wurst und Fleisch kaufe ich nur ... von Herrn Bender.
So weiß ich immer, woher ...
Das ist heutzutage sehr wichtig!

13 Das sagen sie nicht. Was sagen sie wirklich?

Die Nachbarin: „Frau Weigel, wo kaufen sie immer ein?"
Frau Weigel: „Das ist heute sehr wichtig!"

einhundertfünf

14 Wo kauft Frau Weigel ein? Erzähle.

das Gemüsegeschäft

die Bäckerei

die Konditorei

der Supermarkt

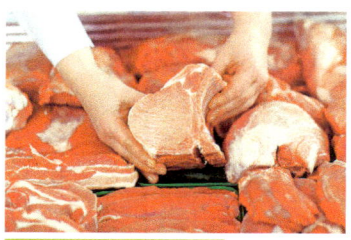
die Metzgerei

Brot

Bananen

Würstchen

Kuchen

Schuhe

Bücher

Schinken

Salat

Eier

Käse

Kleidung

das Kaufhaus

die Kleiderboutique

der Bioladen

die Buchhandlung

Brot Bananen Würstchen Kuchen Schuhe Bücher Schinken Salat Eier Käse Kleidung	kauft Frau Weigel	in	dem der dem	Gemüsegeschäft. Bioladen. Konditorei. Bäckerei. Kleiderboutique. Kaufhaus. Supermarkt. Buchhandlung. Metzgerei.

15 Spielt Minidialoge wie in den Beispielen.

a.
● Wo kaufst du CDs ein?
● Im Mediamarkt.

b.
● Was kaufst du im Supermarkt?
● …

16 Das Fragespiel.

Kopier die Karten, schneide sie aus.
Zieh eine Karte und stell Fragen wie im Beispiel.

Wo kauft man Medikamente?
In der Apotheke.

 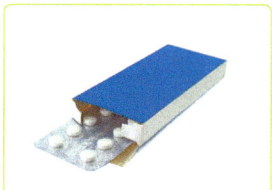  

AB S. 76: Ü. 11, 12

einhundertsieben

17 Die Fußgängerzone. Lies den Text. Beantworte dann die Fragen.

Fast alle deutschen Städte haben eine Fußgängerzone, d.h. eine Zone ohne Autos und nur für Fußgänger. Hier ist also der Autoverkehr verboten und man darf nur zu Fuß gehen. Radfahrer müssen absteigen, das Fahrrad schieben und zu Fuß gehen. In der Fußgängerzone gibt es viele Geschäfte, Kaufhäuser, Cafés, Restaurants, Kinos und Theater. Hier kann man also ganz in Ruhe spazieren gehen, einkaufen, in einem Café sitzen …
In der Fußgängerzone sieht man oft Straßenkünstler: Musikanten, Maler, Schauspieler. Sie musizieren, malen auf den Asphalt und spielen Theater. Die Fußgängerzone ist auch ein Lieblingstreffpunkt für viele Leute. Man trifft sich hier nach der Arbeit und geht dann zusammen ins Restaurant, ins Kino oder ins Theater.

Was stimmt?
Mehrere Antworten sind richtig.

1. Was darf man in einer Fußgängerzone nicht machen?
    a. Musik spielen.
    b. Mit dem Auto fahren.
    c. Freunde treffen.
    d. Rad fahren.

2. Was gibt es nicht?
    a. Kaufhäuser.
    b. Cafés.
    c. Autos.
    d. Diskos.

3. Was machen Straßenkünstler?
    a. Sie tanzen auf der Straße.
    b. Sie verkaufen Souvenirs.
    c. Sie geben Konzerte.
    d. Sie interviewen die Passanten.

18 Gibt es in deiner Stadt auch eine Fußgängerzone? Was darf man da machen?

AB S. 77: Ü. 13

Wortschatz wiederholen!

19 Was passt wohin?
Mach eine Tabelle in deinem Heft. Schreib die Wörter in die richtige Spalte.
Einige Wörter passen nicht.

Apfel　　Gurke　　Ei　　Schuhe　　Birne　　Apfelsaft
　Banane　　Kartoffeln　　Milch　　Mütze
Karotten　　Limonade　　Pulli　　Chips
　Torte　　Salat　　Schokoriegel　　Hustensaft
Fleisch　　Blumen　　Suppe　　Gras　　Anorak

Obst	Gemüse	Getränke	Süßigkeiten	Kleidung
...	...	...	...	...

AB S. 77-78: Ü. 14, 15, 16, 17

Du kannst …

in der Stadt einkaufen; dich in der Stadt / in der Fußgängerzone orientieren　✓

… … …

fragen	auf Fragen antworten	
Wo treffen wir uns?	In der Eisdiele. / Vor dem Kino. / …	✓
Wo ist hier eine Eisdiele?	Neben der Post. / Hinter der Apotheke. / …	✓
Wo ist Frau Weigel?	Sie sitzt im Café / ist in der Apotheke.	✓
Wo kann ich hier Blumen kaufen?	Im Blumenladen gleich um die Ecke.	✓
Wo kaufst du deine CDs?	Natürlich im Mediamarkt.	✓
Kauft ihr das Obst im Supermarkt?	Nein, im Bioladen.	✓
Wo liegt der Bioladen?	Am Stephansplatz.	✓

AB S. 79: Ü. 18, 19

▶53 **Aussprache!** *Hör gut zu und sprich nach!*

Wortakzent:
Wörter mit **Ge-/ge-**: das Gem**ü**se, das Gesch**ä**ft, das Ges**i**cht, ges**u**nd
ei: die Bäckere**i**, die Metzgere**i**, die Konditore**i**

Wörter aus anderen Sprachen: der Sal**a**t, die Ban**a**ne, das Mus**e**um, die Apoth**e**ke, das Caf**é**, das The**a**ter, das Telef**o**n, das Hot**e**l, das Konz**e**rt

Hast du Lust, ins Kino zu gehen?

1 Hör Dialog 1. Was stimmt? ▶54

Hat Brigitte Lust, ins Kino zu gehen?
a. Ja, sie hat Lust und Zeit.
b. Ja, aber sie hat keine Zeit.

2 Hör Dialog 2. Was stimmt? ▶55

Hat Brigitte Lust, ins Kino zu gehen?
a. Ja, sie hat Lust und Zeit.
b. Ja, aber sie hat keine Zeit.

3 Lies und ergänze dabei.

Bausteine

fragen
Hast du Lust, ins Kino **zu** gehen?
Hast du Zeit, ins Kino …?

antworten
→ Ja, ich habe Lust, ins Kino …
→ Tut mit leid, ich …

4 Übt zu zweit.

Hast du Lust,	in den in die ins	Kino Stadt Kaufhaus Eisdiele Park Disko Restaurant Pizzeria	zu gehen?

Ja, ich habe Lust, Nein, ich habe keine Lust,	in den in die ins	Kino Stadt Kaufhaus Eisdiele Park Disko Restaurant Pizzeria	zu gehen.

5 Reihenübung: Fragt und antwortet.

⇄ Gehen wir in die Eisdiele? → Tut mir leid. Ich habe keine Zeit, in die Eisdiele zu gehen.
Gehen wir in den Park? → Tut mir leid, ich habe keine Zeit …

6 Wo kann man …?

▶ AB S. 80: Ü.1, 2, 3

Wo kann man	joggen? essen und trinken? Schuhe kaufen? Filme sehen? Leute treffen? tanzen? Pizza essen? Eis essen?

In dem (Im) In der In dem (Im) Auf dem	Kaufhaus. Disko. Eisdiele. Park. Pizzeria. Restaurant. Kino. Stephansplatz.

7 Wo kann man das? Schreib die Antworten in dein Heft.

a. Filme sehen
b. joggen
c. Schuhe kaufen
d. tanzen
e. Eis essen
f. essen und trinken
g. Geld abheben / wechseln (auf der …)
h. Leute treffen
i. Pizza essen
j. Medikamente kaufen
k. Kaffee trinken
l. Briefmarken kaufen
m. spazieren gehen
n. im Internet surfen (Internet-Café)

Beispiel: tanzen: in der Disko

8 Wohin gehst du?
Spielt Minidialoge wie im Beispiel. Benutzt die Ausdrücke von Übung 7 (Seite 111).

● Du willst tanzen. Wohin gehst du?
● In die Disko.

Grammatik

Wohin?   in / auf … + Akkusativ
Wo?   in / auf … + Dativ

AB S. 81 - 82: Ü. 4, 5, 6, 7, 8

9 Erkundigung auf der Straße. Was sagen sie? Hör zu. ▶ 57

Entschuldigung, wie komme ich zum Astra-Kino?

1 *Immer geradeaus bis zum Stephansplatz, dann links.*

2 *Nein, nein. Du gehst geradeaus bis zur Kreuzung und dann rechts.*

3 *Du fährst am besten mit dem Bus Nr. 12.*

10 Lies und ergänze dabei.

Bausteine

Brigitte: Entschuldigung, wie komme ich **zum** Astra-Kino?

1 Immer geradeaus bis … Stephansplatz, dann links.
2 Nein, nein. Du gehst geradeaus bis … Kreuzung und dann rechts.
3 Du fährst am besten mit dem Bus Nr. 12.

11 Was passt zusammen?

a. Geradeaus. / Gehen Sie die Straße entlang.

b. Nach rechts. / Nehmen Sie die erste / zweite Straße rechts.

c. Nach links. / Nehmen Sie die erste / zweite Straße links.

d. Über die Straße. / Überqueren Sie die Straße.

**12 Du kommst aus dem Mediamarkt und fragst …
Übt zu zweit mit dem Stadtplan auf Seite 102.**

| Entschuldigung, wie komme ich | zum
zur
zum | City-Hotel
Eisdiele „Venezia"
St. Georg-Kirche
Astra-Kino
Volksbank
Stadtmuseum
Park
Post
Café „Basar"
Blumenladen | ? |

| Gehen Sie geradeaus | bis | zum
zur
zum | Ampel
Kreuzung
Stephansplatz
Museum | und dann | rechts.
links. |

▶ AB S. 83: Ü. 9, 10, 11

13 Bitte, wie komme ich …? ▶ 58/59

Du hörst jetzt zwei Dialoge:
- Im Dialog A will der Passant vom Hauptbahnhof zum Rathaus gehen.
- Im Dialog B will der Passant vom Dom zur Kirche St. Anna gehen.

Hör zu und verfolge den Weg auf dem Stadtplan.

14 Hör noch einmal zu und sprich nach. ▶ 60/61

15 Erklär den Weg …

… vom Bahnhof zum Stadttheater.
… vom Dom zur Fuggerei.
… vom Rathaus zum Römischen Museum.

16 Mit dem Bus oder mit der Straßenbahn? Übt zu zweit.

Entschuldigung, wie komme ich zum Bahnhof?

Am besten fährst du mit dem Bus.

Grammatik

mit, zu + Dativ

▶ AB S. 84-85: Ü. 12, 13, 14

Wortschatz wiederholen!

17 Was passt zusammen? Schreib mögliche Kombinationen in dein Heft.

Beispiele: das Blumengeschäft, das Kleidergeschäft, …

Blumen- Bahn- Haupt- Markt- Kleider- Rat- Eis- Stadt- Volks- Fußgänger- Kauf- Super- Media- Straßen- Gemüse-

+

die Boutique – der Laden – der Platz – der Plan – die Bank – das Haus – das Café – das Museum – der Markt – die Zone – der Hof – das Geschäft – die Straße – der Musikant – die Diele – der Bahnhof

18 Ergänze mit den passenden Verben.

a. geradeaus ••• b. links ••• c. Geld ••• d. die Kreuzung •••

überqueren – abheben – gehen – fahren – wechseln – abbiegen

Du kannst …

fragen

Hast du Lust / Zeit, ins Kino zu gehen?

Wo kann man Leute treffen?
Wo kann man Geld wechseln?
Wohin gehen wir jetzt?

Wie komme ich zum Bahnhof?
Wie komme ich in die Stadt?

auf Fragen antworten

Ja, ich habe Lust / Zeit, ins Kino zu gehen. ✓
Tut mir leid, ich habe keine Zeit. ✓
… … …
In der Fußgängerzone. ✓
Auf der Bank. ✓
Ins Stadtmuseum. / Auf die Post. ✓
… … …
Immer geradeaus, dann links / rechts. ✓
Am besten fahren Sie mit der U-Bahn / mit dem Bus / mit dem Taxi. ✓

▶62 *Aussprache!* Hör gut zu und sprich nach!

Zusammengesetzte Wörter: Das erste Wort ist betont.

der L**a**den – der Bl**u**menladen
der M**a**rkt – der Gem**ü**semarkt
der Musik**a**nt – der Str**a**ßenmusikant

die Bout**i**que – die Kl**ei**derboutique
das Gesch**ä**ft – das Gem**ü**segeschäft
der B**a**hnhof – der H**au**ptbahnhof

▶ AB S. 85 - 86: Ü. 15, 16, 17, 18

Modul 6 · Lektion 3 · Ordnung muss sein!

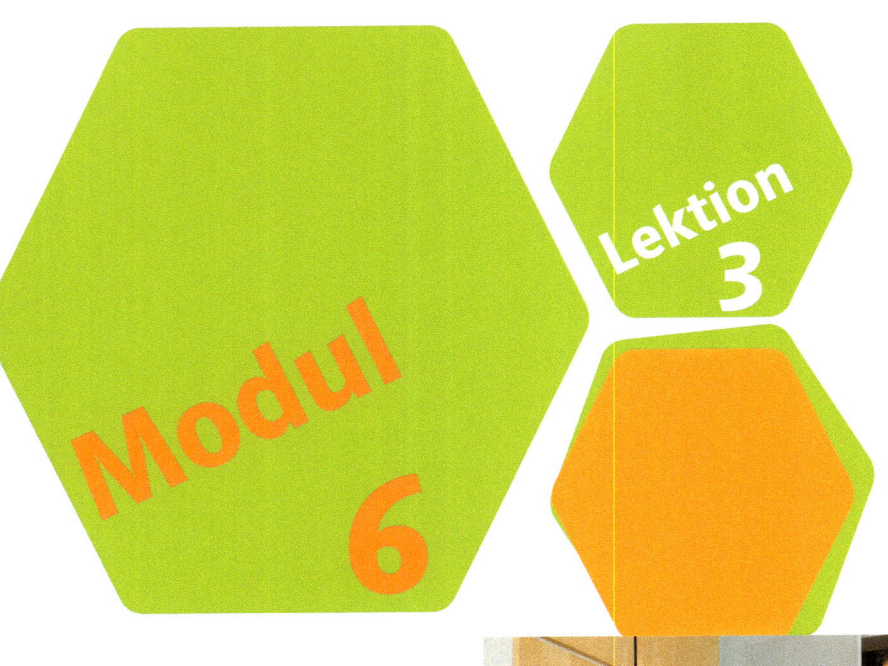

1 Schau das Bild an: Was ist hier los?

2 Hör zu: Was sagt die Mutter? Was antwortet Stefan? ▶63

- Stefan, wie sieht es hier denn aus! Unmöglich! Mach bitte Ordnung, und zwar sofort!
- Schon gut, Mutti! Die Bücher stelle ich auf das Regal.
  Meine Klamotten lege ich in den Schrank.
  Die Tennisschuhe stelle ich unter das Bett. Die CDs lege ich auf das Regal.
- Und die Dosen?
- Die kommen in den Abfalleimer in der Küche. Keine Sorge!

3 Lies und ergänze dabei.

Bausteine

Stefan sagt: Die Bücher **stelle** ich … Regal.
Meine Klamotten **lege** ich … Schrank.
Die Tennisschuhe **stelle** ich … Bett.
Die CDs **lege** ich … Regal.
Die Dosen **kommen** … Abfalleimer.

4 Lies noch einmal den Anfang des Hörtextes in Aufgabe 2.

Was sagt die Mutter?
Was antwortet Stefan?
– Sagt deine Mutter das auch manchmal? Und was antwortest du?

5 Was macht Stefan? Ergänze die Verben und die Artikel.

Stefan ••• die Bücher auf ••• Regal. Er ••• die Klamotten in ••• Schrank. Die Tennisschuhe ••• er unter ••• Bett. Die CDs ••• er auf ••• Regal. Die Dosen ••• in ••• Abfalleimer.

Stefan legt die Bücher auf den Schreibtisch.

Stefan stellt die Bücher auf das Regal.

6 Wohin soll ich … stellen / legen? – Übt zu zweit.

● Wohin soll ich die CDs legen?
● Leg die CDs auf das Regal!

 CDs
 Schuhe
 Pullover
 Schultasche
 Kopfhörer
 Deutschbuch
 Dose
 MP3-Player

Stell Leg	die CDs die Schuhe den Pullover die Schultasche den Kopfhörer das Deutschbuch die Dose den MP3-Player	auf in unter vor hinter neben	den die das	Schreibtisch Bett Schrank Regal Schublade Kommode Nachttisch Stuhl

AB S. 87-88: Ü. 1, 2, 3

einhundertsiebzehn **117**

7 Stefan hat aufgeräumt. Was sagt er? ▶64

● Also, Mutti, was sagst du jetzt? Die Bücher stehen auf dem Regal.
Die Klamotten sind in dem Schrank. Die Tennisschuhe stehen unter dem Bett.
Die CDs liegen auf dem Regal.
● Und die Dosen?
● Die sind in dem Abfalleimer in der Küche. Zufrieden?

8 Lies und ergänze dabei.

Bausteine

Stefan sagt: Die Bücher **stehen** … Regal.
Meine Klamotten **sind** … Schrank.
Die Tennisschuhe **stehen** … Bett.
Die CDs **liegen** … Regal.
Die Dosen **sind** … Abfalleimer.

9 Jetzt ist Ordnung: Ergänze die Verben und die Artikel.

Die Bücher ••• auf ••• Regal. Die Klamotten ••• in ••• Schrank. Die Tennisschuhe ••• unter ••• Bett. Die CDs ••• auf ••• Regal. Die Dosen ••• in ••• Abfalleimer.

Die Bücher liegen auf dem Schreibtisch.

Die Bücher stehen auf dem Regal.

Grammatik

Wohin? – Er **stellt** sie auf **das** Regal. (Akkusativ)
Wo? – Sie **stehen** auf **dem** Regal. (Dativ)

10 Ein Ball und neun Präpositionen: Wo ist der Ball?

 vor
 auf
 neben
 hinter
 unter

 in
 über
 an
 zwischen

11 Wo liegen / stehen / sind ... ? Übt zu zweit.

- Wo liegen die CDs?
- Sie liegen auf dem Regal.

 CDs
 Schuhe
 Pullover
 Schultasche

 Kopfhörer
 Deutschbuch
 Dose
MP3-Player

	liegt	auf		Schreibtisch.
	liegen	in		Bett.
Er	steht	unter	dem	Schrank.
Sie	stehen	vor	der	Regal.
Es	ist	hinter	dem	Schublade.
Sie	sind	neben		Kommode.
				Nachttisch.
				Stuhl.

AB S. 88 - 90: Ü. 4, 5, 6, 7

Modul 6 Lektion 3

einhundertneunzehn 119

12 Ein neues Zimmer! ▶65

Brigitte, die Freundin von Tina, wohnt bald in einer neuen Wohnung. Endlich ein Zimmer nur für sich! Tina hilft ihr, das Zimmer neu einzurichten.

- Also, Tina, was sagst du? Wohin soll ich das Bett stellen?
- Stell es rechts, an die Wand.
- Und wohin soll ich den Schreibtisch stellen?
- Stell ihn vor das Fenster.
- Ja, gute Idee. Und der Schrank? Wohin kommt der Schrank?
- Stell ihn links, an die Wand.
- Und das Bücherregal?
- Stell es rechts, in die Ecke, neben den Schreibtisch.
- Meinst du, ich soll den Teppich unter den Schreibtisch legen?
- Nein, am besten legst du den Teppich in die Mitte des Zimmers.
- Und die neuen Poster? Wohin soll ich sie hängen?
- Häng sie an die Wand, über das Bett.

Grammatik

stellen, legen, hängen	**Wohin?**
auf / in / unter …	+ Akkusativ
stehen, liegen, hängen	**Wo?**
auf / in / unter …	+ Dativ

13 Möbel einzeichnen.

Kopier die Seite. Schneide die Möbel aus und klebe sie in den Plan.

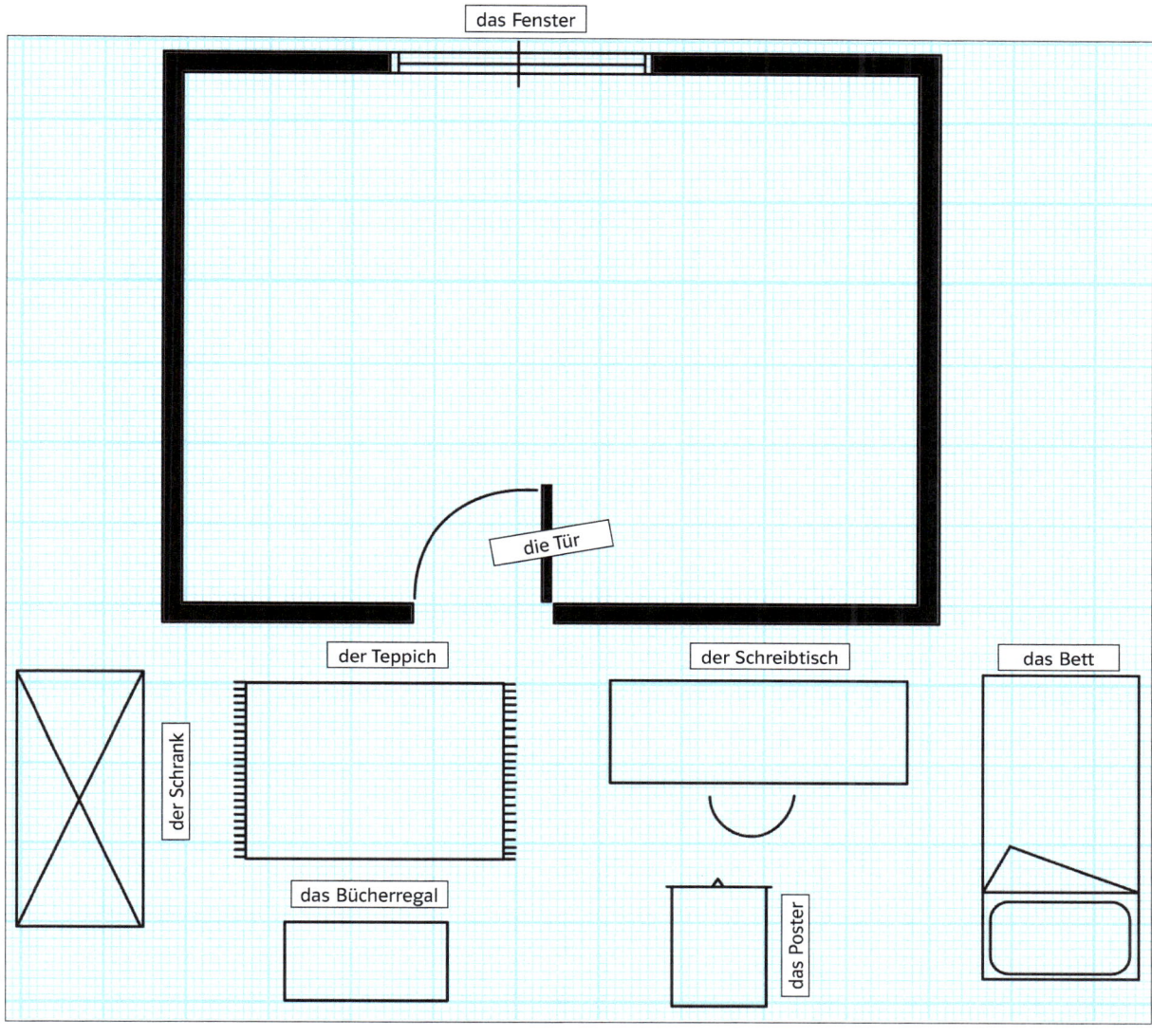

14 So sieht das Zimmer von Brigitte jetzt aus. Beschreib es.

1. ••• steht rechts, an der Wand.
2. ••• steht vor dem Fenster.
3. ••• steht links, an der Wand.
4. ••• steht rechts, in der Ecke, neben dem Schreibtisch.
5. ••• liegt in der Mitte des Zimmers.
6. ••• hängt an der Wand, über dem Bett.

AB S. 91: Ü. 8, 9

einhunderteinundzwanzig

Modul 6, Lektion 3

15 Wir richten eine Wohnung ein.
Fragt und antwortet wie in den Beispielen a und b.

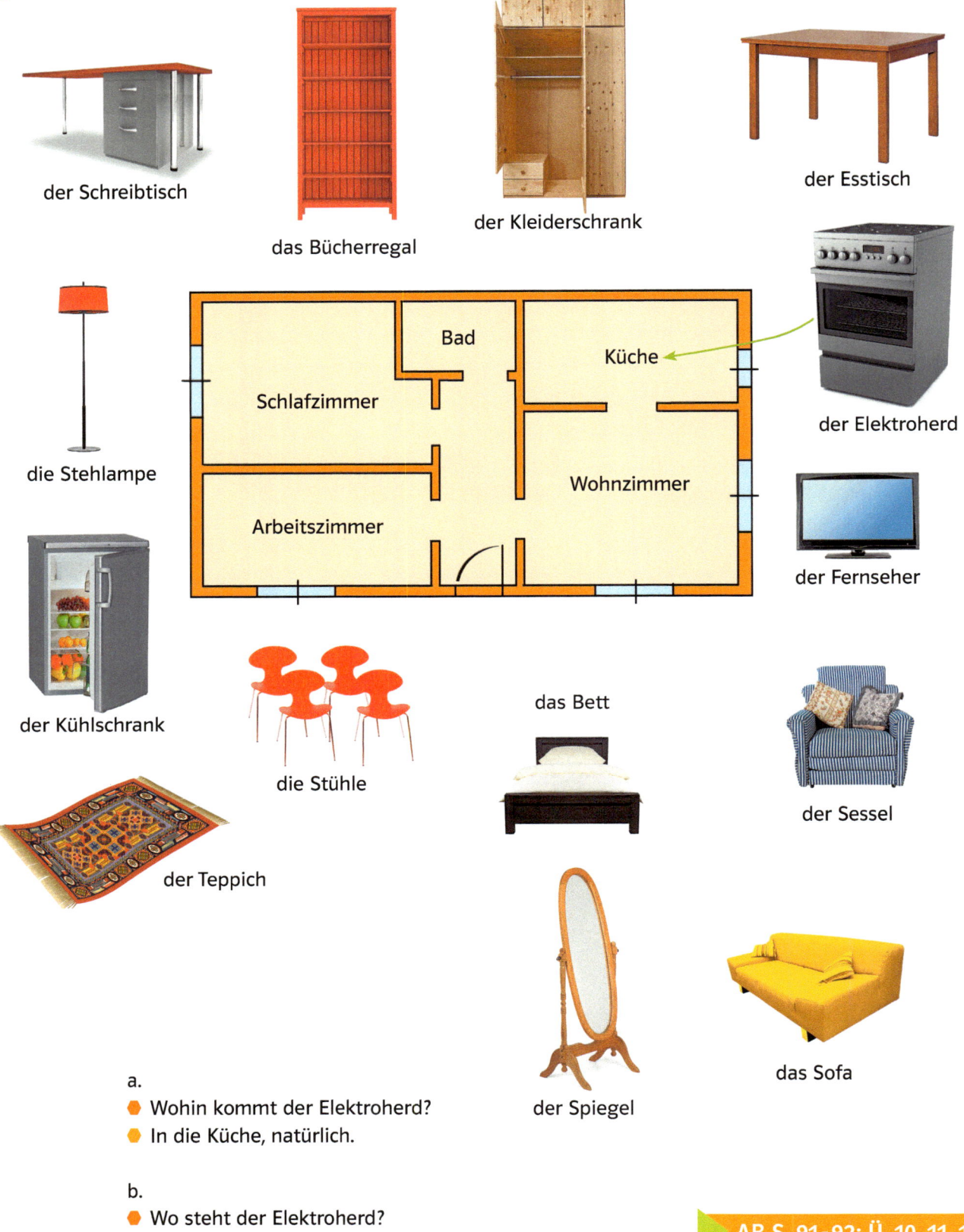

a.
● Wohin kommt der Elektroherd?
● In die Küche, natürlich.

b.
● Wo steht der Elektroherd?
● In der Küche, natürlich.

AB S. 91-92: Ü. 10, 11, 12

16 Tina, warum lässt du alles überall liegen? ▶67

Hör zu und finde heraus, wo die verschiedenen Gegenstände liegen.

1. Das Handy von Frau Weigel liegt …
   a. im Wohnzimmer.
   b. in der Schultasche.
   c. neben dem Computer.

2. Die Schuhe von Frau Weigel stehen …
   a. unter dem Tisch.
   b. unter dem Schrank.
   c. unter dem Bett.

3. Der Walkman von Stefan liegt …
   a. in der Küche.
   b. neben dem Fernseher.
   c. auf dem Schreibtisch.

Wortschatz wiederholen!

17 Kann man das *stellen* oder *legen*? (Manchmal geht beides. Manchmal geht keins.) Und wohin stellst oder legst du das?

Beispiel: Klamotten kann man legen, z. B. in den Schrank.

Klamotten – Schultasche – Deutschbuch – Tennisschläger – Kartoffeln – Eier – Brot – Medikamente – Eis – Geld – Stadtplan – Honig – Blumen – Esslöffel – Obst – Foto – Auto – Badehose – Computer – Inlineskates – Pralinen – Lineal – Wurstbrot – Torte - Joghurt – Markus – Fernseher – Teddy

18 Was kann *stehen* oder *liegen*? (Manchmal geht beides, manchmal geht keins.) Und wo steht oder liegt das?

Beispiel: Der Vogel kann sitzen, z. B. im Baum.

Katze – Vogel – Pferd – Würmer – Auto – Tasse Kaffee – Dose – Salat – Maus – Bettina – Jäger – Käse – Schokoriegel – Gitarre – Fisch – Bild – Apfel – Banane – Portion Pommes frites – Kugelschreiber – Spitzer – Teddy

Probier auch die Wörter von Übung 17.

19 Mein Zimmer. Lies den Text.

Markus erzählt:

1 Wir wohnen in einem Reihenhaus und mein
2 Zimmer ist oben im ersten Stock. Es ist nicht sehr groß, aber dafür sehr hell und
3 ruhig. Und ich habe sowieso genug Platz für mich, denn mein kleiner Bruder
4 Patrick hat sein eigenes Zimmer. Ich verbringe viel Zeit in meinem Zimmer:
5 Ich schlafe, mache Hausaufgaben, höre Musik, surfe im Internet …
6 Mein Zimmer gefällt mir sehr. Darin sind ein Bett, ein Bücherregal, ein Schreib-
7 tisch, ein Sessel, ein Kleiderschrank und eine große Spielzeugkiste.
8 Der Schreibtisch steht vor dem Fenster (die Sicht ist leider nicht sehr interessant)
9 und auf dem Schreibtisch steht der neue PC! Ich surfe, schreibe E-Mails, aber ich
10 habe natürlich auch Programme zum Spielen!
11 Im Bücherregal liegen nicht nur die Schulbücher, sondern auch meine Comichefte
12 und CDs.
13 Der Schrank (er steht neben dem Schreibtisch) ist immer voll: Drinnen hängen
14 nicht nur meine Klamotten, sondern auch altmodische Kleider von meiner Mutter.
15 Nur eines stört mich: die Spielzeugkiste in der Ecke. Die muss weg!
16 Drinnen sind nur alte Spielsachen. Und ich brauche Platz! Denn mein Zimmer ist auch
17 eine Art Treffpunkt für meine Freunde.

Was stimmt? – In welcher Zeile steht das?

1. Das Zimmer von Markus liegt im ersten Stock.
2. Markus teilt das Zimmer mit seinem Bruder Patrick.
3. Das Zimmer von Markus ist sehr groß.
4. Markus ist oft und gern in seinem Zimmer.
5. Markus möchte gern einen Computer haben.
6. Auf dem Schreibtisch steht der Fernseher.
7. Die Comichefte liegen im Bücherregal.
8. Im Schrank hängen nur Kleider von der Mutter.
9. Seine Spielzeugkiste mag Markus sehr.
10. Markus trifft seine Freunde in seinem Zimmer.

AB S. 93: Ü. 13, 14

▶68 Intonation! *Hör gut zu und sprich nach!*

- Stefan, wie sieht es hier denn aus! Unmöglich! Mach bitte Ordnung, und zwar sofort!
- Und die Dosen?

- Schon gut, Mutti! Die Bücher stelle ich auf das Regal. Meine Klamotten lege ich in den Schrank.
- Die kommen in den Abfalleimer in der Küche. Keine Sorge!

Du kannst …

fragen

Wohin stellen wir den Schreibtisch?
Wohin kommt der Computer?
Wohin legst du die Spiele?

Wo ist die Katze?
Wo steht der Esstisch?

auf Fragen antworften

Neben / Vor / … das Fenster. ✓
Auf den Schreibtisch. ✓
Ins Regal. ✓
… … …
Sie liegt unter dem Bett. ✓
In der Küche. ✓

AB S. 94-95: Ü. 15, 16, 17, 18

▶69 Wir singen: *Wie sieht denn dein Zimmer aus!*

Wie sieht denn dein Zimmer aus?
Räum es auf! Räum es auf!
Keine Sorge, mach' ich schon,
ich räum' sofort auf.

Wohin kommen meine T-Shirts?
In den Schrank, in den Schrank!
Wohin kommen die Tennisschuh'?
Stell sie unters Bett!

Erfinde weitere Strophen.

einhundertfünfundzwanzig

Modul 6 Training

Wir trainieren

hören

1 Du hörst drei Dialoge. Hör jeden Dialog zweimal. Zu jedem Dialog gibt es Fragen mit je drei Antworten. Welche Antwort stimmt?

a. Hör das Telefongespräch zweimal. ▶70

1. Wohin möchte Christian Sabine einladen?
   a. In den Park.
   b. Ins Konzert.
   c. In die Disko.

2. Warum?
   a. Sie wollen zusammen joggen.
   b. Ein Freund von Christian feiert Geburtstag.
   c. Es spielen tolle Rockbands.

3. Nimmt Sabine die Einladung von Christian an?
   a. Nein, weil sie keine Lust hat.
   b. Nein, weil ihre Eltern es nicht wollen.
   c. Ja, und sie trifft sich um 20.00 Uhr mit Christian.

b. Hör den Dialog zweimal. ▶71

1. Wo trifft Timo Monika?
   a. Im Park.
   b. In der Turnhalle.
   c. An der Haltestelle.

2. Wo liegt das?
   a. In der Beethovenstraße.
   b. Vor der Post.
   c. Hinter der Sprachschule.

3. Was machen sie dort?
   a. Sie joggen.
   b. Sie fahren Rad.
   c. Sie spielen Volleyball.

4. Um wie viel Uhr treffen sie sich?
   a. Um 14.00 Uhr.
   b. Um 14.30 Uhr.
   c. Um 15.00 Uhr.

hören

c. Hör das Gespräch zweimal. ▶72

1. Was sucht Max?
   a. Seine Schultasche.
   b. Seine Schulbücher.
   c. Sein Matheheft.

2. Wo ist es?
   a. Auf dem Schreibtisch.
   b. In der Schultasche.
   c. Im Bücherregal.

2 Ein Interview mit Herrn Helm aus Marbach. ▶73
Hör das Interview zuerst ganz. Hör das Interview noch einmal in zwei Teilen.

Was stimmt?

a. Lies zuerst die vier Sätze. Hör dann Teil 1 des Interviews.

1. Marbach hat 30 000 Einwohner.
2. Marbach liegt bei Stuttgart.
3. In Marbach gibt es keine Fußgängerzone.
4. In Marbach gibt es Möbelfabriken.

b. Lies zuerst die sechs Sätze. Hör dann Teil 2 des Interviews.

5. Marbach bietet viele Freizeitmöglichkeiten.
6. In Marbach hat man ein Jugendzentrum gebaut.
7. Das Schiller-Nationalmuseum liegt in Stuttgart.
8. Die „Internationalen Musikabende" sind klassische Konzerte.
9. Von Marbach nach Stuttgart kann man nur mit dem Auto fahren.
10. Herr Helm möchte lieber in Stuttgart leben.

einhundertsiebenundzwanzig

3 Lies die Anzeige aus der Zeitung. Es gibt drei Fragen.

Neues Jugendzentrum in Walldorf!

**Endlich ist es so weit! Nächste Woche öffnet das neue Jugendzentrum seine Tore!
Ein sicherer Treffpunkt für Jugendliche ab 10 Jahren. Gemeinsames Spielen (Tischtennis, Billard …), Musik machen, Sportmöglichkeiten (Fußball, Basketball …) und viel mehr …
Neugierig? Dann schau mal vorbei:**

Samstag, 19. Mai, 15.00 Uhr

**Wo? Das Jugendzentrum liegt direkt im Zentrum, zwischen der Post und dem Stadtmuseum.
(Emser Straße 18, Tel: 726309, E-Mail: jugzentr@aol.com)
Vielleicht hast du sogar Lust, mitzuhelfen und in unserem Organisationsteam mitzuwirken.
Also, wir erwarten DICH!**

Was stimmt?

1. Was passiert am 19. Mai?
    a. Im Jugendzentrum findet ein Fußballspiel statt.
    b. Im Jugendzentrum treffen sich junge Leute.
    c. Das Jugendzentrum wird offiziell eröffnet.

2. Wer darf ins Jugendzentrum?
    a. Alle, Jung und Alt.
    b. Jugendliche über 10.
    c. Nur Jungen, keine Mädchen.

3. Folgende Leute sind im Jugendzentrum besonders gern gesehen:
    a. Leute, die gut Fußball spielen können.
    b. Leute, die gute PC-Kenntnisse haben.
    c. Leute, die bei der Organisation mithelfen wollen.

lesen

4 Dirk und Andrea schreiben in einer Jugendzeitschrift in der Rubrik „Leser schreiben uns" über ihre Clique.

a.

1 In unserer Clique sind wir 10 Leute, Jungs und Mädchen, alle um die 14–15 Jahre.
2 Wir wohnen am Stadtrand von Leipzig. Wir treffen uns meistens an einer Bushalte-
3 stelle. Wir wissen nämlich nicht, wo wir uns sonst treffen können. In unserem Stadt-
4 viertel gibt es zwar ein Jugendzentrum, aber keiner von uns geht hin. Dort kann
5 man nur Tischtennis oder Billard spielen. Wie langweilig!
6 Manchmal treffen wir uns auf dem Platz vor einem Einkaufszentrum und dort
7 fahren wir Skateboard oder wir skaten. Problematisch wird es bei schlechtem Wetter,
8 vor allem wenn es regnet. Dann bleiben wir zu Hause, oder wir treffen uns in einem
9 Kaufhaus.
10 Warum gibt es keine Freizeiträume für uns Jugendliche? Für die Kleinkinder gibt
11 es Spielplätze, aber für uns nichts. Was wir brauchen ist ein Raum,
12 wo man zusammensitzen und reden kann.

Dirk

Was stimmt? – In welcher Zeile steht das?

1. In der Clique von Dirk sind 14–15 Jungs und Mädchen.
2. Dirk trifft sich mit seinen Freunden im Jugendzentrum.
3. Sie fahren Skateboard vor einem Einkaufszentrum.
4. Am Stadtrand von Leipzig gibt es Freizeiträume für Jugendliche.
5. Am Stadtrand von Leipzig gibt es Spielplätze für Kleinkinder.

b.

1 Ich wohne in Greifswald, einer kleinen Provinzstadt im Norden Deutschlands.
2 Ich bin 16 und gehe auf eine Gesamtschule. Wir haben in der Regel bis 14.15 Uhr Schule,
3 dann ist frei. Aber ich weiß meistens nicht, was ich in der Freizeit machen kann.
4 Hier in der Provinz ist nie was los. Manchmal fahre ich am Wochenende mit
5 meiner Clique nach Stralsund oder nach Rostock. Dort gibt es schöne Diskos.
6 Die Gemeinde will ein Jugendzentrum bauen. Das wäre eine gute Idee. Dort könnten
7 wir uns dann treffen, spielen ... Und normalerweise gibt es auch verschiedene Kurse,
8 z.B. Instrumentalunterricht, Informatik, Fotografiekurse usw.

Andrea

Was stimmt? – In welcher Zeile steht das?

1. Andrea wohnt in einer Provinzstadt.
2. Andrea hat auch am Nachmittag Schule.
3. In Greifswald ist viel los.
4. Andrea tanzt gern.
5. In Greifswald hat man ein Jugendzentrum gebaut.

schreiben

5 Marika sucht Internetfreunde.

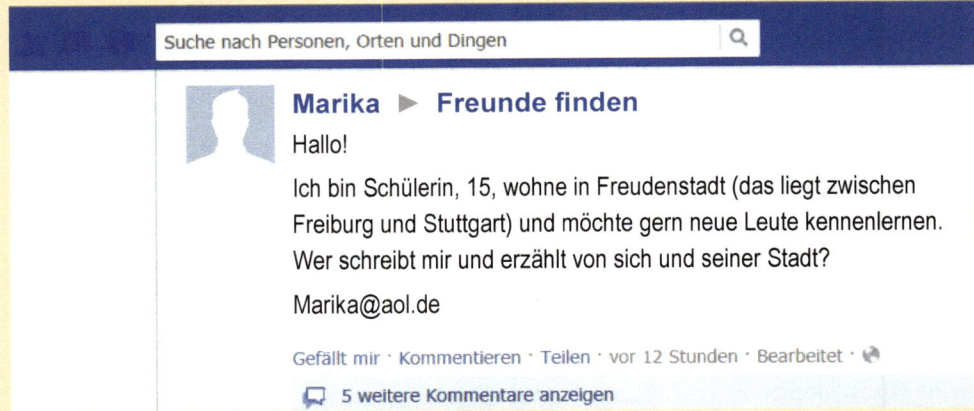

**Schreib eine Nachricht an Marika.
Schreib zu jedem Punkt ein oder zwei Sätze, circa 60 Wörter insgesamt.
Schreib mit deinem Computer.**

1. Stell dich vor (Name, Alter, Schule, Hobby).
2. Wo liegt deine Stadt?
3. Wie viele Einwohner hat sie?
4. Was gibt es dort? (Sport- und Freizeitmöglichkeiten, Jugendzentrum, Fußgängerzone …)
5. Wo treffen sich die Jugendlichen?
6. Wohnst du gern in deiner Stadt?

sprechen

6 Zieh eine Karte.
Welche Situation siehst du auf der Karte?
Was sagt die markierte Person?

Mögliche Lösung: *Die Eisdiele „Venezia" liegt in der Jakoberstraße.*

Beispiel:

7 Bildet Gruppen. Zieht eine Karte.
Sprecht zu zweit wie im Beispiel.
Zieht eine andere Karte …

Thema: Orte, Dinge lokalisieren
Karte: Wie …?
Mögliche Frage: Wie komme ich zum Bahnhof?
Mögliche Antwort: Fahren Sie mit der Straßenbahn Nummer 8!

Beispiel:

| Thema: Orte, Dinge lokalisieren | 1 |

Wie …?

| Thema: Orte, Dinge lokalisieren | 2 |

Wo …?

| Thema: Orte, Dinge lokalisieren | 3 |

Was …?

einhunderteinunddreißig 131

Grammatik

1. wissen – können

a. Lies die Beispiele.

1. 🔸 Wie heißt die neue Deutschlehrerin?
   🔹 Ich **weiß** es nicht. Petra, **weißt** du es?

2. 🔸 **Kannst** du surfen?
   🔹 Nein, surfen **kann** ich nicht, dafür **kann** ich Deutsch!

b. Übersetze die Beispiele in deine Sprache.
   Wie übersetzt du „wissen", wie übersetzt du „können"?

Beachte: 🔹 wissen: = Fakten, Daten, Namen, Zahlen „im Kopf haben"
         🔹 können: = 1. Fähigkeit, etwas zu tun (zum Beispiel im Sport, sprachlich, ...);
                      2. Möglichkeit

c. Schau die Tabelle an.

	wissen	können	
1. ich	weiß	kann	Singular
2. du	weißt	kannst	
3. er, sie, es	weiß	kann	
1. wir	wissen	können	Plural
2. ihr	wisst	könnt	
3. sie	wissen	können	
4. Sie	wissen	können	höflich: Singular + Plural

Ergänze die Regel:

Bei „wissen" und bei „können" sind 1. und 3. Person 🔹.
(Siehe auch „dürfen", Seite 93.)

d. Lies laut.

🔸 🔹 ihr schwimmen?
🔸 Ja, natürlich.
🔸 Dann 🔹 ihr sicher, wo hier das Schwimmbad ist.
🔸 Nein, das 🔹 wir leider nicht.
   Wir 🔹 zwar schwimmen, aber wir gehen nie ins Schwimmbad.
   Aber fragen wir mal unsere Freundin Jenny: He, Jenny, 🔹 du, wo hier das Schwimmbad ist?
🔸 Nee, wie soll ich das 🔹, ich 🔹 doch gar nicht schwimmen!

2. Das Fragewort *wo?* und die Lokal-Ergänzung

a. Orientierung in der Stadt: Lies die Beispiele.

Wo ist die Schule?
Die Schule ist **neben** **dem** Kaufhaus.

Wo liegt das Kaufhaus?
Zwischen der Schule und dem Rathaus.

Wo finde ich das Café Central?
Hinter der Schule.

Wo liegt das Rathaus?
Am Marktplatz.

Wo ist das Astra-Kino?
Direkt **vor** der Schule.

Wo gibt es Bänke zum Sitzen?
Vor dem Kaufhaus, **hinter** dem Kaufhaus und **am** Marktplatz.

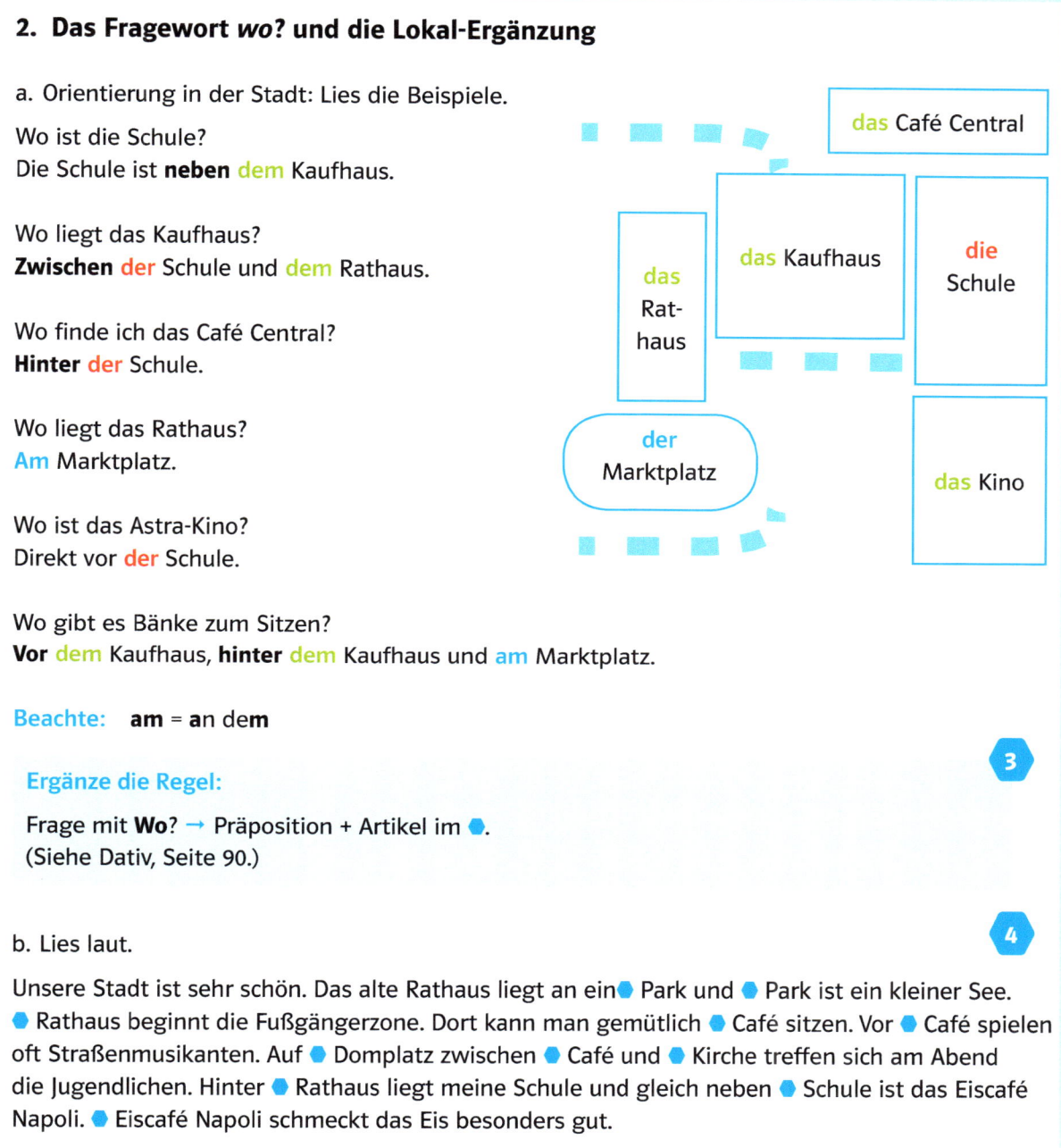

Beachte: **am** = **a**n de**m**

Ergänze die Regel:

Frage mit **Wo**? → Präposition + Artikel im ●.
(Siehe Dativ, Seite 90.)

b. Lies laut.

Unsere Stadt ist sehr schön. Das alte Rathaus liegt an ein● Park und ● Park ist ein kleiner See. ● Rathaus beginnt die Fußgängerzone. Dort kann man gemütlich ● Café sitzen. Vor ● Café spielen oft Straßenmusikanten. Auf ● Domplatz zwischen ● Café und ● Kirche treffen sich am Abend die Jugendlichen. Hinter ● Rathaus liegt meine Schule und gleich neben ● Schule ist das Eiscafé Napoli. ● Eiscafé Napoli schmeckt das Eis besonders gut.

3. Die Verben *stellen – stehen, legen – liegen, ...* + Lokal-Ergänzung

a. Lies die Beispiele.

Ich richte mein Zimmer ein:

Jetzt ist mein Zimmer eingerichtet:

Was **kommt** wohin?

Was **ist** wo?

Wohin?
Ich **stelle** die Bücher **ins** Regal.
Ich **lege** meine Hefte **auf den** Tisch.
Ich **hänge** ein Poster **an die** Wand.
Ich **setze** mich jetzt **in den** Sessel.

Wo?
Die Bücher **stehen im** Regal.
Die Hefte **liegen auf dem** Tisch.
Das Poster **hängt an der** Wand.
Ich **sitze im** Sessel.

- „stellen, legen, hängen, setzen" drücken eine **Aktivität**, eine **Bewegung** aus.

- „stehen, liegen, hängen, sitzen" drücken einen **Zustand** aus.

Beachte: „hängen" kann Aktivität und Zustand ausdrücken.

b. Übersetze die Beispiele in deine Sprache.
Benutzt du immer verschiedene Verben? Oder benutzt du manchmal gleiche Verben?

c. Lies die Beispiele noch einmal. Achte auf die Lokal-Ergänzung nach den Verben.
Welche Unterschiede gibt es?

Ergänze die Regel:

 stellen, legen, hängen, setzen: Präposition + Artikel im .
stehen, liegen, hängen, sitzen: Präposition + Artikel im .

Beachte:
- Neutrale Substantive:
  Akkusativ: **in das** Regal → **ins** Regal; **an das** Fenster → **ans** Fenster; **auf das** Sofa → **aufs** Sofa
  Dativ: **in dem** Regal → **im** Regal; **an dem** Fenster → **am** Fenster

- Maskuline Substantive:
  Dativ: **in dem** Schrank → **im** Schrank; **an dem** See → **am** See

d. Lies laut.

Brigitte bekommt bald ein neues Zimmer und neue Möbel. Sie überlegt:
Jetzt mein Schreibtisch an der Tür. Wohin ich ihn dann? Jetzt meine ganzen Schulsachen auf dem Boden herum. Die ich dann ordentlich ins Regal. Und die Poster ich an die Wand! Jetzt muss ich mit meinen Freundinnen immer auf dem Bett . Im neuen Zimmer können wir uns dann auf das neue Sofa .

4. Präpositionen + Dativ oder + Akkusativ

a. Welche Präposition passt? Ordne zu.

Beispiel: 1 = über

vor   in   neben   an   zwischen
       auf   über   hinter   unter

b. Lies die Beispiele.

Wohin ist der Ball gerollt?

Er ist hinter **den** Schrank gerollt.
Er ist unter **den** Schrank gerollt.
Er ist zwischen **den** Schrank
und **den** Sessel gerollt.

Wo liegt der Ball jetzt?

Er liegt jetzt hinter **dem** Schrank.
Er liegt jetzt unter **dem** Schrank.
Er liegt jetzt zwischen **dem** Schrank
und **dem** Sessel.

Ergänze die Regel:

Aktivität, Bewegung:	Wohin?	Präposition + Artikel im ●.
Zustand:	Wo?	Präposition + Artikel im ●.

Beachte: in, an:
Adresse: Sie wohnen **in** der Jakoberstraße / **am** Marktplatz / **am** Stadtpark.
Wer klingelt **an** der Tür? Sie stehen **am** Fenster und winken.

c. Eine Postkarte. Lies laut.

Liebe Monika,
wir haben jetzt eine Wohnung in ● Fuggerstraße 13, direkt ● Stadtpark. Vor ● Haus ist ein kleiner Garten, hinter ● Haus beginnt der Park. Die neuen Möbel müssen wir erst mal in ● Abstellraum stellen, denn es stehen noch zu viele Kisten in ● Zimmern. Zwischen unser● Haus und ● Nachbarhaus stehen zwei große Tannenbäume. Im Winter können wir dann Lichterketten in ● Bäume hängen. Ich hoffe, du besuchst uns bald in unser● neuen Wohnung.
Viele Grüße von Eva-Marie

5. Die Präposition *auf*

a. Lies die Beispiele.

Wo gibt es Briefmarken? – **Auf der** Post. – Dann gehe ich jetzt **auf die** Post.
Ich muss **auf den Markt**, denn Gemüse kaufe ich nur **auf dem** Markt.
Die Kinder spielen **auf der** Straße. – Kinder, geht nicht **auf die** Straße!
Ich muss noch **auf die** Bank, Geld abheben. Wir treffen uns dann **auf der** Bank.

b. Übersetze die Beispiele in deine Sprache. Wie übersetzt du „auf"?

6. Die Präposition *zu* + Dativ

a. Orte: Lies die Beispiele.

Wie komme ich
→ zum Bahnhof / zum City-Hotel? (der Bahnhof, das Hotel)
→ zur Poststraße / zur Kaiser-Apotheke? (die Straße, die Apotheke)

Ergänze die Regel:

Die Substantive sind maskulin oder neutral: Man gebraucht ●.
Die Substantive sind feminin: Man gebraucht ●.
- **zum** = **zu** de**m**
- **zur** = **zu** de**r**

b. „zu" + Dativ bei Personen. Lies die Beispiele.

Am Sonntag fährt Tina **zu** ihrer Tante nach München.
Im Sommer fährt sie **zu** ihren Großeltern.
Stefan muss **zum** Zahnarzt / **zur** Zahnärztin.

Beachte: nach Hause / zu Hause:
          Komm nicht so spät **nach** Hause! | Am Samstag sind Weigels **zu** Hause.

c. Lies laut.

● Stefan, was machst du am Donnerstagnachmittag?
● Also, nach der Schule gehe ich schnell ● Hause, Mittagessen und Hausaufgaben machen. Um 15.00 Uhr muss ich ● Arzt (er will sich mein Bein ansehen) und dann gehe ich ● Musikschule. Danach gehe ich noch ● meinem Freund Markus. ● Abendessen bin ich dann wieder ● Hause.

7. Infinitivsatz mit *zu*

Nach manchen Ausdrücken steht ein Infinitivsatz mit „zu".

a. Lies die Beispiele.

- Hast du Lust, <u>mit mir ins Kino **zu gehen**</u>?
- Nein, ich habe keine Lust, <u>heute Abend **auszugehen**</u>.
  Es macht mir mehr Spaß, **fernzusehen** und danach gleich ins Bett **zu gehen**.

b. Übersetze die Beispiele in deine Sprache. Wie übersetzt du den Infinitivsatz?

12

Ergänze die Regel:

Im Infinitivsatz mit "zu" steht der Infinitiv am Ende.
Trennbare Verben: Die Reihenfolge ist: ● + ● + ● in einem Wort.

Lösungen für ●:

① Bei „wissen" und bei „können" sind 1. und 3. Person **gleich**.

② **Könnt** ihr schwimmen? – ... – Dann **wisst** ihr sicher, wo hier das Schwimmbad ist. – Nein, das **wissen** wir leider nicht. Wir **können** zwar schwimmen, aber ... – He, Jenny, **weißt** du, wo hier das Schwimmbad ist? – Nee, wie soll ich das **wissen**, ich **kann** doch gar nicht schwimmen!

③ Frage mit **Wo?** → Präposition + Artikel im **Dativ**.

④ Das alte Rathaus liegt an einem Park und **im** Park ist ein kleiner See. **Am (Vor dem / Hinter dem)** Rathaus beginnt .... Dort kann man gemütlich **im** Café sitzen. Vor dem **Café** spielen oft .... Auf **dem** Domplatz zwischen **dem** Café und **der** Kirche treffen sich .... Hinter **dem** Rathaus liegt meine Schule und gleich neben **der** Schule ist das Eiscafé Napoli. **Im** Eiscafé ...

⑤ • stellen, legen, hängen, setzen: Präposition + Artikel im **Akkusativ**.
• stehen, liegen, hängen, sitzen: Präposition + Artikel im **Dativ**.

⑥ Brigitte überlegt: Jetzt **steht** mein Schreibtisch .... Wohin **stelle** ich ihn dann? Jetzt **liegen** meine Schulsachen ... auf dem Bett **sitzen**. Und die Poster **hänge** ich ... Jetzt muss ich ... auf **das neue Sofa setzen**.
Die **lege** ich dann ... Und die Poster **hänge** ich ... Jetzt muss ich ... können wir uns auf

⑦ 1: über, 2: unter, 3: neben, 4: auf, 5: hinter, 6: vor, 7: an, 8: zwischen, 9: in

⑧ Aktivität, Bewegung: Wohin?: Präposition + Artikel im **Akkusativ**.
Zustand: Wo?: Präposition + Artikel im **Dativ**.

⑨ Wir haben eine Wohnung in **der** Fluggerstraße ... **am** Stadtpark. Vor **dem** Haus ist ein kleiner Garten, hinter **dem** Haus beginnt .... Die Möbel müssen wir ... in **den** Abstellraum stellen, ... es stehen zu viele Kisten in **den** Zimmern. Zwischen unserem Haus und **dem** Nachbarhaus stehen ... Im Winter können wir Lichterketten in **die** Bäume hängen. Ich hoffe, du besuchst uns bald in unserer neuen Wohnung.

⑩ Die Substantive sind maskulin oder neutral: Man gebraucht **zum**.
Die Substantive sind feminin: Man gebraucht **zur**.

⑪ Also, nach der Schule gehe ich schnell **nach** Hause. ... Um 15.00 Uhr muss ich **zum** Arzt, ... dann gehe ich **zur** Musikschule. Danach gehe ich noch **zu** meinem Freund Markus. **Zum** Abendessen bin ich dann wieder **zu Hause**.

⑫ Trennbare Verben: Die Reihenfolge ist: **Präfix** + **zu** + **Verb** in einem Wort.

Teste dein Deutsch!
Wortschatz und Grammatik

1 Nenn 5 wichtige Gebäude in der Stadt.

2 Wo kann man das?

a. Gemüse kaufen
b. Brot kaufen
c. Eis essen
d. Blumen kaufen
e. Bücher kaufen
f. Briefmarken kaufen
g. Pizza essen
h. Medikamente kaufen
i. Pommes frites essen

3 Silbenrätsel mit Möbeln: Wie viele Möbelstücke findest du?

klei – bü – re – pe – tro – seh – der – e – lam – fern – pu – schrank – kis
cher – herd – spiel – gal – com – te – er – lek – zeug – steh – ter

4 Was passt zusammen? – Ergänze die Sätze.

1. Bank
2. Bus
3. Stadion
4. Schüler
5. Park

a. Fußball
b. Gymnasium
c. Bäume
d. Geld
e. Haltestelle

Auf der Bank kann man …
Der Bus hält …
Im Stadion …
Die Schüler gehen aufs …
Im Park …

5 Ein Wort passt nicht in die Reihe.

1. Gasse – Straße – Weg – Bahnhof
2. Milch – Käse – Wurst – Butter
3. Obst – Salat – Gemüse – Fleisch
4. Musikant – Maler – Lehrer – Schauspieler

6 Was passt hier?

Wohin …1… der Schreibtisch? …2… ihn unter das Fenster! Da …3… er gut. Und …4… hängen wir das Poster? Häng es dort an …5…Wand. – Wo ist eigentlich Sabine? Sie ist krank und …6… im Bett. – Wie komme ich …7… Bahnhof? – Gehen Sie bis …8… Kreuzung und dann immer geradeaus, da kommen Sie direkt …9… Post. Gleich neben …10… Post ist der Bahnhof.

1 kommt ist	2 Steh Stell	3 ist steht	4 wo wohin	5 der die
6 legt liegt	7 zu zum	8 zum zur	9 zum zur	10 die der

Selbstkontrolle

 Lösungen auf Seite 140

Du hast …
… maximal 4 Fehler: SEHR GUT! Mach weiter so!
… 5 bis 8 Fehler: noch o.k. Aber du kannst es besser!
… mehr als 8 Fehler: Wiederhol die Übungen von Modul 6.

Unregelmäßige Verben

Infinitiv	Präsens	Perfekt
beginnen		hat begonnen
bleiben		ist geblieben
braten / anbraten	er, sie, es brät an	hat angebraten
brechen	er, sie, es bricht	hat gebrochen
bringen		hat gebracht
essen	er, sie, es isst	hat gegessen
fahren	er, sie, es fährt	ist gefahren
fallen	er, sie, es fällt	ist gefallen
finden	er, sie, es findet	hat gefunden
geben	er, sie, es gibt	hat gegeben
gewinnen		hat gewonnen
haben	er, sie, es hat	hat gehabt
hängen		hat gehangen
heißen		hat geheißen
helfen	er, sie, es hilft	hat geholfen
kommen		ist gekommen
laden / einladen	er, sie, es lädt ein	hat eingeladen
lesen	er, sie, es liest	hat gelesen
liegen		hat / ist gelegen
nehmen	er, sie, es nimmt	hat genommen
reiten	er, sie, es reitet	ist geritten
schlafen	er, sie, es schläft	hat geschlafen
schneiden	er, sie, es schneidet	hat geschnitten
schreiben		hat geschrieben
schwimmen		ist geschwommen
sehen	er, sie, es sieht	hat gesehen
sein	er, sie, es ist	ist gewesen
singen		hat gesungen
sitzen		hat / ist gesessen
sprechen	er, sie, es spricht	hat gesprochen
stehen		hat / ist gestanden
steigen / aufsteigen		ist aufgestiegen
sterben	er, sie, es stirbt	ist gestorben
trinken		hat getrunken
tun / wehtun	es tut weh	hat getan / hat wehgetan
vergessen	er, sie, es vergisst	hat vergessen
waschen	er, sie, es wäscht	hat gewaschen
werden	er, sie, es wird	ist geworden
wissen	er, sie, es weiß	hat gewusst
zusammenstoßen	er, sie, es stößt zusammen	ist zusammengestoßen

Teste dein Deutsch! - Lösungen
Wortschatz und Grammatik

Modul 4

1. (Mögliche Antworten findest du auf Seite 8.)
2. a. Es ist sonnig. b. Es ist bewölkt. c. Es regnet. d. Es schneit. e. Es ist heiß.
3. Zum Beispiel: die CD, die Pralinen, der MP3-Player, der Fotoapparat, das Buch, das Parfüm, die Uhr, die Ohrringe, die Blumen, …
4. das Parkhotel; das Mobiltelefon; der Skianzug, der Skikurs, die Skiferien; die Sommerschuhe, die Sommerferien, der Sommeranzug; die Sportschuhe, der Sportanzug, der Sportbericht, die Sporttasche, das Sporthotel; der Wetterbericht, das Wettertelefon; die Badeschuhe, der Badeanzug, die Badetasche, die Badeferien; der Reisebericht, die Reisetasche
5. 1: im, 2: Im, 3. nach, 4. in die, 5. können, 6. Im, 7. an den, 8. kann, 9. will, 10. muss, 11. wollen, 12. kann

Modul 5

1. Zum Beispiel: der Kopf, das Ohr, das Auge, die Nase, der Hals, der Mund, der Arm, die Hand, der Finger, der Bauch, das Bein, der Fuß
2. a. Hustensaft / Hustentropfen / Hustentee / Hustentabletten (alles ist möglich), b. Nasentropfen, c. Kamillentee, d. Schmerztabletten
3. a. Kartoffeln schälen / schneiden, b. Salzwasser zum Kochen bringen, c. Eier verquirlen, d. Zwiebeln schälen / schneiden / anbraten, e. den Schnittlauch schneiden, f. mit Salz und Pfeffer würzen
4. Zum Beispiel: Ich bin auf dem Radweg Fahrrad gefahren. Plötzlich ist von links ein anderer Fahrradfahrer gekommen und wir sind zusammengestoßen. Wir sind beide gestürzt. Zum Glück haben wir uns aber nicht wehgetan. Den Fahrrädern ist auch nichts passiert.
5. 1: hast, 2: bin, 3: sind, 4: habe, 5: habe, 6: haben, 7: bin, 8: habe
6. 9: gewesen, 10: getrunken, 11: telefoniert, 12: gekommen, 13: gehört, 14: ferngesehen, 15: diskutiert

Modul 6

1. (Mögliche Antworten findest du auf Seite 102.)
2. a. auf dem Markt / im Gemüsegeschäft, b. in der Bäckerei / im Supermarkt, c. in der Eisdiele / im Eiscafé, d. im Blumenladen, e. in der Buchhandlung, f. auf der Post, g. in der Pizzeria, h. in der Apotheke, i. an der Wurstbude / im Hamburgerrestaurant / bei McDonald's
3. Kleiderschrank – Bücherregal – Stehlampe – Elektroherd – Fernseher – Spielzeugkiste – Computer
4. 1.d: Auf der Bank kann man Geld wechseln, 2.e: Der Bus hält an der Haltestelle, 3.a: Im Stadion spielt man Fußball. 4.b: Die Schüler gehen aufs Gymnasium, 5.c: Im Park stehen Bäume.
5. 1. Bahnhof, 2. Wurst (kein Milchprodukt), 3. Salat (keine übergeordnete Kategorie), 4. Lehrer (meist kein Künstler)
6. 1: kommt, 2: Stell, 3: steht, 4: wohin, 5: die, 6: liegt, 7: zum, 8: zur, 9: zur, 10: der

Trackliste Audios

Track	Übung	Inhalt
Modul 4: Freizeitaktivitäten		
Lektion 1: Kannst du inlineskaten?		
1	2	Hör zu und sprich nach.
2	4	Was fragt sie? Was antwortet Stefan?
3	Arbeitsbuch, Übung 4:	Wie heißen sie? Welche Sportart machen sie?
4	Arbeitsbuch, Übung 12:	Was können Bernd, Sabine und Daniel?
5	Intonation:	Hör gut zu und sprich nach!
6	17	Hör zu und sprich nach.
7	21	Was fragt Markus? Was antwortet Tina?
8	Wir singen:	Die bunten Noten
9	Intonation:	Hör gut zu und sprich nach!
Lektion 2: Wohin fährst du in Urlaub?		
10	1	Was sagen sie?
11	8	Jahreszeiten: Hör zu und sprich nach.
12	Arbeitsbuch, Übung 8:	Wie ist das Wetter in Deutschland?
13	15	Wohin fährt Jörg in Urlaub?
14	Arbeitsbuch, Übung 9:	Wohin fahren die Leute?
15	Intonation:	Hör gut zu und sprich nach!
16	Wir singen:	Wohin fährst du in Urlaub?
Lektion 3: Alles Gute zum Geburtstag!		
17	1	Wie spricht man das Jahr? Hör zu und sprich nach.
18	Arbeitsbuch, Übung 1:	Schreib die Jahre in Zahlen.
19	3	Tina hat Geburtstag.
20	8	Geburtstage bei Familie Weigel. Wer hat wann Geburtstag?
21	17	Interview mit Florian
22	Intonation:	Hör gut zu und sprich nach!
23	Wir singen:	Zum Geburtstag viel Glück!

Track	Übung	Inhalt
Modul 4: Wir trainieren		
24	1	Interview 1
25	2	Interview 2
26	3	Du hörst jetzt fünf kurze Dialoge.
27	4	Dialog 4
Modul 5: Krank, gesund, ungesund		
Lektion 1: Mir tut der Kopf weh		
28	1	Hör zu und sprich nach.
29	5	Was sagt Stefan?
30	10	Hör zu und sprich nach.
31	Arbeitsbuch, Übung 11:	Was haben sie?
32	Aussprache:	Hör gut zu und sprich nach!
Lektion 2: Gesund leben		
33	4	Was sagt Frau Weigel?
34	11	Was fragt Tina? Was andwortet ihre Mutter?
35	16	Frau Weigel treibt viel Sport.
36	Arbeitsbuch, Übung 12:	Die Schlankheitskur. Was sagt der Arzt?
37	Aussprache:	Hör gut zu und sprich nach!
38	Wir singen:	Was isst du, mein Kind?
Lektion 3: Tina hat sich wehgetan		
39	2	Was erzählt Tina?
40	17	Zwei Interviews: Was haben Jörg und Melanie am Wochenende gemacht?
41	Arbeitsbuch, Übung 10:	Wo waren sie? Wann? Wie lange?
42	Aussprache:	Hör gut zu und sprich nach!
43	Wir singen:	Der Unfall
Modul 5: Wir trainieren		
44	1	Werbespot a
45		Werbespot b
46		Werbespot c
47	2	Stephan Klar hat ein Gipsbein.

Trackliste Audios

Track	Übung	Inhalt
Modul 6: Mein Stadtviertel, meine vier Wände …		
Lektion 1: Wo ist denn hier …?		
48	1	Hör zu und sprich nach.
49	4	Hör zu und sprich nach.
50	10	Du hörst mehrere kurze Dialoge. Wo finden die Gespräche statt?
51	Arbeitsbuch, Übung 10	Wo treffen wir uns?
52	11	Wo kauft Frau Weigel ein?
53	Aussprache:	Hör gut zu und sprich nach!
Lektion 2: Hast du Lust, ins Kino zu gehen?		
54	1	Hör den Dialog 1.
55	2	Hör nun Dialog 2.
56	Arbeitsbuch, Übung 3:	Eine Einladung
57	9	Was sagen sie?
58	13	Bitte, wie komme ich … ? Dialog A
59		Dialog B
60	14	Hör noch einmal zu und sprich nach. Dialog A
61		Dialog B
62	Aussprache:	Hör gut zu und sprich nach!
Lektion 3: Ordnung muss sein!		
63	2	Was sagt die Mutter? Was antwortet Stefan?
64	7	Stefan hat aufgeräumt.
65	12	Brigitte hat endlich ein Zimmer nur für sich. Tina hilft ihr, das Zimmer neu einzurichten.
66	Arbeitsbuch, Übung 12:	Wie richtet Monika ihr Zimmer ein?
67	16	Tina lässt alles überall liegen.
68	Intonation:	Hör gut zu und sprich nach!
69	Wir singen:	Wie sieht denn dein Zimmer aus!

Track	Übung	Inhalt
Modul 6: Wir trainieren		
70	1	a. Telefongespräch
71		b. Dialog
72		c. Dialog
73	2	Du hörst nun ein Interview mit Herrn Helm aus Marbach.

Gesamtdauer: 66:20 Minuten

Bildquellen

U1 iStockphoto (GlobalStock), Calgary, Alberta • **U2** Karte Fotosearch • **10.1** Shutterstock (Chromatika Multimedia snc), New York • **10.2** Shutterstock (altanaka), New York • **11.1** Thinkstock (Marcin Kowalski), München • **11.2** Shutterstock (Dmitry Remesov), New York • **11.3** Thinkstock (Fuse), München • **11.4** Thinkstock (Jitalia17), München • **11.5** Thinkstock (Samarskaya), München • **11.6** Shutterstock (irin-k), New York • **11.7** Shutterstock (nito), New York • **11.8** Shutterstock (Erik Lam), New York • **11.9** Shutterstock (kontur-vid), New York • **14.1** iStockphoto (clu), Calgary, Alberta • **14.2** Shutterstock (Jessmine), New York • **14.3** Shutterstock (Venus Angel), New York • **14.4** Shutterstock (studioVin), New York • **14.5** iStockphoto (stocknroll), Calgary, Alberta • **14.6** iStockphoto (GoodLifeStudio), Calgary, Alberta • **14.7** Shutterstock (turtix), New York • **14.8** Shutterstock (Olga Miltsova), New York • **14.9** iStockphoto (dendong), Calgary, Alberta • **14.10** Shutterstock (Karkas), New York • **16.8** iStockphoto (tatniz), Calgary, Alberta • **16.9** iStockphoto (andras_csontos), Calgary, Alberta • **16.10** Shutterstock (studioVin), New York • **16.11** Shutterstock (Maksim Kabakou), New York • **16.12** Shutterstock (Olga Miltsova), New York • **16.13** Shutterstock (Coprid), New York • **18.1** Fotolia (Ekkehard Stein), New York • **18.2** iStockphoto (dsafanda), Calgary, Alberta • **18.3** iStockphoto (onebluelight), Calgary, Alberta • **18.4** Shutterstock (mistery), New York • **18.5** Shutterstock (nito), New York • **18.6** Shutterstock (MTrebbin), New York • **21.1** Fotolia (styleuneed), New York • **21.2** Shutterstock (jaroslava V), New York • **21.3** Fotolia (blende40), New York • **21.4** Shutterstock (William Perugini), New York • **21.5** iStockphoto (majana), Calgary, Alberta • **21.6** Shutterstock (Luciano Mortula), New York • **23.1** Shutterstock (Suzanne Tucker), New York • **23.2** Shutterstock (Daniel Prudek), New York • **23.3** Shutterstock (Dasha Petrenko), New York • **23.4** Shutterstock (Sunny Forest), New York • **24.1** Shutterstock (Fototaras), New York • **24.2** Shutterstock (Adam Gryko), New York • **24.3** iStockphoto (VisualCommunications), Calgary, Alberta • **24.4** Thinkstock (Gina Addison), München • **24.5** Fotolia (rangizzz), New York • **24.6** Shutterstock (Just2shutter), New York • **24.7** Thinkstock (David AndrTn), München • **24.8** iStockphoto (Tobias_K), Calgary, Alberta • **24.9** iStockphoto (desperado), Calgary, Alberta; • **24.10** iStockphoto (RobertHoetink), Calgary, Alberta • **28.1** ullstein bild (Lombard), Berlin • **28.2** ullstein bild (Paul Hauke), Berlin • **29.1** ullstein bild (adoc-photos / Photographe inconnu), Berlin • **29.2** ullstein bild (Teutopress), Berlin • **29.3** ullstein bild (Roger-Viollet), Berlin • **30** Thinkstock (Jupiterimages), München • **34.1** Shutterstock (dandanian), Calgary, Alberta • **34.2** iStockphoto (pantoflick), Calgary, Alberta • **34.3** Shutterstock (Stephen VanHorn), New York • **34.4** Fotolia (Tarzhanova), New York • **34.5** Shutterstock (Alexander Demyanenko), New York • **34.6** iStockphoto (tatniz), Calgary, Alberta • **34.7** Shutterstock (MTrebbin), New York • **34.8** iStockphoto (200mm), Calgary, Alberta • **34.9** Shutterstock (Aleksandr Bryliaev), New York • **34.10** Shutterstock (MrGarry), New York • **36.1** Shutterstock (Felix Mizioznikov), New York • **36.2** Shutterstock (@erics), New York • **36.3** Shutterstock (gualtiero boffi), New York • **36.4** Shutterstock (Sergey Novikov), New York • **36.5** Shutterstock (BestPhotoStudio), New York • **38.1** iStockphoto (UygarGeographic), Calgary, Alberta • **38.2** Shutterstock (auremar), New York • **39** Thinkstock (Photodisc), München • **41** Shutterstock (@erics), New York • **60.1** Shutterstock (pukach), New York • **60.2** Shutterstock (Kozini), New York • **60.3** Shutterstock (Elena Schweitzer), New York • **60.4** Shutterstock (Imageman), New York • **60.5** Shutterstock (Valentyn Volkov), New York • **60.6** Shutterstock (Ljupco Smokovski), New York • **62** Shutterstock (racorn), New York • **67** Shutterstock (Subbotina Anna), New York • **70.1** Thinkstock (MayerKleinostheim), München • **70.2** Thinkstock (Ryan McVay), München • **70.3** Thinkstock (Tamara Jovic), München • **70.4** Thinkstock (threeart), München • **70.5** Thinkstock (HaraldBiebel), München • **70.6** StockFood (Rynio, Jörn), München • **70.7, 8, 9, 10, 11** StockFood (Kirchherr, Jo), München • **70.12** StockFood (Kirchherr, Jo), München • **71** Shutterstock (alexpro9500), New York • **77** Shutterstock (Monkey Business Images), New York • **79.1** Shutterstock (ARENA Creative), New York • **79.2** Shutterstock (Ilaszlo), New York • **82.1** iStockphoto (GlobalStock), Calgary, Alberta • **82.2** iStockphoto (kupicoo), Calgary, Alberta • **83** Shutterstock (haveseen), New York • **84** Shutterstock (urbanlight), New York • **85** Shutterstock (Ipatov), New York • **86** Shutterstock (StockLite), New York • **106.1** Shutterstock (Adisa), New York • **106.2** Shutterstock (racorn), New York • **106.3** iStockphoto (fotofrog), Calgary, Alberta • **106.4** Shutterstock (Ditty_about_summer), New York • **106.5** Shutterstock (racorn), New York • **106.6** Shutterstock (mayer kleinostheim), New York • **106.7** Shutterstock (Maks Narodenko), New York • **106.8** Shutterstock (Olga Popova), New York • **106.9** Shutterstock (Inga Nielsen), New York • **106.10** Shutterstock (Preto Perola), New York • **106.11** Shutterstock (Ilona Baha), New York • **106.12** Shutterstock (MaraZe), New York • **106.13** Shutterstock (luchschen), New York • **106.14** Shutterstock (Nattika), New York • **106.15** Shutterstock (Galayko Sergey), New York • **106.16** Shutterstock (101imges), New York • **106.17** Shutterstock (conrado), New York • **106.18** Shutterstock (Pavel L Photo and Video), New York • **106.19** Thinkstock (Plush Studios), München • **106.20** Shutterstock (Shots Studio), New York • **107.1** Shutterstock (mayer kleinostheim), New York • **107.2** Shutterstock (everst), New York • **107.3** iStockphoto (Natikka), Calgary, Alberta • **107.4** Shutterstock (101imges), New York • **107.5** Shutterstock (Ilona Baha), New York • **107.6** Shutterstock (Nattika), New York • **107.7** Shutterstock (Preto Perola), New York • **107.8** Shutterstock (Olga Popova), New York • **107.9** Shutterstock (Inga Nielsen), New York • **107.10** Shutterstock (luchschen), New York • **108.1** Shutterstock (Claudio Divizia), New York • **108.2** Shutterstock (Jorg Hackemann), New York • **108.3** Shutterstock (Christian Mueller), New York • **117.3** Fotolia (Tarzhanova), New York • **117.4** Shutterstock (Preto Perola), New York • **117.5** iStockphoto (dendong), Calgary, Alberta • **117.6** iStockphoto (braverabbit), Calgary, Alberta • **117.7** Shutterstock (Alexander Demyanenko), New York • **117.8** Klett • **117.9** Shutterstock (Fotofermer), New York • **117.10** Shutterstock (Jessmine), New York • **119.1** Fotolia (Tarzhanova), New York • **119.2** Shutterstock (Preto Perola), New York • **119.3** iStockphoto (dendong), Calgary, Alberta • **119.4** iStockphoto (braverabbit), Calgary, Alberta • **119.5** Shutterstock (Alexander Demyanenko), New York • **119.6** Klett • **119.7** Shutterstock (Fotofermer), New York • **119.8** Shutterstock (Jessmine), New York • **122.1** iStockphoto (tifonimages), Calgary, Alberta • **122.2** Shutterstock (yanugkelid), New York • **122.3** Shutterstock (ppart), New York • **122.4** Shutterstock (Peter Hermes Furian), New York • **122.5** Shutterstock (archideaphoto), New York • **122.6** Shutterstock (cristovao), New York • **122.7** Shutterstock (igor.stevanovic), New York • **122.8** iStockphoto (tatniz), Calgary, Alberta • **122.9** Shutterstock (James Steidl), New York • **122.10** Shutterstock (Mayovskyy Andrew), New York • **122.11** iStockphoto (tiler84), Calgary, Alberta • **122.12** Shutterstock (Ioan Panaite), New York • **122.13** Shutterstock (ID1974), New York • **122.14** Shutterstock (macroworld), Calgary, Alberta • **124.1** Shutterstock (Steve Cukrov), New York • **126.1** Shutterstock (Kuzma), New York • **126.2** Shutterstock (Monkey Business Images), New York • **126.3** iStockphoto (skynesher), Calgary, Alberta • **127.1** Shutterstock (Ilike), New York • **127.2** iStockphoto (clu), Calgary, Alberta • **129** Thinkstock (Purestock), München • **7, 9, 12, 15, 16.1-16.7, 17, 20, 22, 25, 30, 31, 35, 55, 56, 57, 64, 63.1-63.4, 66, 68, 74.1-74.5, 76, 99, 100.1-100.4, 101.1-101.3, 104, 105, 110, 112, 116, 117.1, 117.2, 118.1, 118.2, 120, 123, 124.2** Stephan Klonk Fotodesign, Berlin

Impressum Audios

Sprecher: Johanna Niedermüller, Henrik van Ypsilon, Dorothea Baltzer, Cornelius Dane, Hede Beck, Manuela, Jonas, Odine, Jesse, Jonathan, Sarah und Nicole
Musik: OMNI-Mediasound; Sonoton
Gesang: Jeschi Paul
Musikal. Begleitung: Frank Rother
Produktion: Bauer Studios, Ludwigsburg; Andreas Nesic Costum Music

© Loescher Editore S.r.L., Torino, erste Ausgabe 2002, Giorgio Motta, Wir
Für die internationale Ausgabe
© 2015 Ernst Klett Sprachen GmbH, Stuttgart (erste Ausgabe 2003)

Alle Rechte vorbehalten.